古典文獻研究輯刊

三六編

潘美月・杜潔祥 主編

第36冊

清代散見戲曲史料彙編（筆記卷・二編）
（第三冊）

趙興勤、葉天山、趙韡 著

國家圖書館出版品預行編目資料

清代散見戲曲史料彙編（筆記卷・二編）（第三冊）／趙興勤、
葉天山、趙韡 著 -- 初版 -- 新北市：花木蘭文化事業有限公
司，2023〔民112〕
目 12+148 面；19×26 公分
（古典文獻研究輯刊 三六編；第 36 冊）
ISBN 978-626-344-294-8（精裝）
1.CST：戲劇史 2.CST：史料 3.CST：清代
011.08　　　　　　　　　　　　　　　111022062

ISBN-978-626-344-294-8

9 786263 442948

古典文獻研究輯刊
三六編　第三六冊　　　　　　ISBN：978-626-344-294-8

清代散見戲曲史料彙編（筆記卷・二編）
（第三冊）

作　　　者	趙興勤、葉天山、趙韡
主　　　編	潘美月、杜潔祥
總 編 輯	杜潔祥
副總編輯	楊嘉樂
編輯主任	許郁翎
編　　　輯	張雅淋、潘玟靜　美術編輯　陳逸婷
出　　　版	花木蘭文化事業有限公司
發 行 人	高小娟
聯絡地址	235 新北市中和區中安街七二號十三樓
	電話：02-2923-1455 ／傳真：02-2923-1452
網　　　址	http://www.huamulan.tw 信箱 service@huamulans.com
印　　　刷	普羅文化出版廣告事業
初　　　版	2023 年 3 月
定　　　價	三六編 52 冊（精裝）新台幣 140,000 元　　版權所有・請勿翻印

清代散見戲曲史料彙編（筆記卷・二編）（第三冊）

趙興勤、葉天山、趙韡　著

目

次

車持謙

車持謙（1778~1842），字子尊，號秋舲，江蘇上元（今屬南京市）人。清嘉慶時生員。家有捧花樓，故亦號捧花生。（吳海林、李延沛編：《中國歷史人物生卒年表》，黑龍江人民出版社 1981 年版，第 439 頁）

一、據上海書店 1991 年版《香豔叢書》所收二卷本《秦淮畫舫錄》輯錄。

史五福、四壽

五福、四壽，吳下人，皆史氏之養女。先在棠邑，碧梧主人偶眷之，光價遂長。及來白門，僑居棘闈西頭。歌能取重一時，嬌小憨嬉，工於串劇。（卷上，第 14 集，第 487 頁）

張繡琴

張芳林，名繡琴，行二，居水關東。瞳沈秋水，面逗春風，嫋嫋動人。性復溫順，雖激之不稍迕也。南北曲皆臻上乘。（卷上，第 14 集，第 488 頁）

趙三福

趙三福，錫山人。妹於三慶，居棘院前。眉目娟秀，飄飄欲仙。擅琵琶；南北曲皆妙。（卷上，第 14 集，第 494 頁）

陳小鳳

陳小鳳，年十四。余為字曰文香。居板橋頭，吳下臨邺里人。貌清癯，楚腰才可一搦。……小鳳昔之垂髫者，今乃及笄矣。年光如女樹，可勝歎哉！小鳳工串生旦劇，向在緣園，見其演《趺包》甚佳。（卷上，第 14 集，第 497 頁）

王朝霞*

王蘭姿，無字，余戲呼之曰者香，行一。……妹朝霞，年十六，翩翩雅度。
崑曲絕佳，工演生旦劇，蓋尹子春之流。（卷上，第 14 集，第 506 頁）

二、據上海書店 1991 年版《香豔叢書》所收一卷本《畫舫餘譚》輯錄。

雛鬟演劇*

顧雙鳳之《規奴》，張素蘭之《南浦》，金太平之《思凡》，解素音之《佳
期》，雛鬟演劇，播譽一時。子山、竹林嘗於秋賦後，招朋好八九人，集藿
甘園，觀諸姬奏伎。布紅氍於花底，斂翠袖於樽前，漫舞凝歌，足壓江城絲
管已。（第 18 集，第 326 頁）

清音與大戲*

清音小部，曩有單廷樞、朱元標、李錦華、孟大綬等，今亦次第星散。
後起堂名，則為九松、四松、慶福、吉慶、餘慶諸家，而腳色去來，亦鮮定
止。就余所見，慶福堂之三喜、四壽、添喜，餘慶堂之巧齡、太平，品藝俱
精。遊畫舫者，攜與並載，無嫌竹肉紛乘也。餘慶堂復有登場大戲，別名小
華林班，陳鳳皋領之。吉慶則金福壽為主人，間演新聲，彬雅絕俗。不設砌
末者，唯孟元寶之慶福，近亦添置玻璃燈球、燈屏，析木作架，略如蕩湖船
樣式。人家招之往，日間則別庋一箱，向晦乃合榍成之，絳蠟爭燃，碧簫緩
度，模糊醉眼，幾疑陸地行舟也。（第 18 集，第 334 頁）

馬上戳*

團聚粗蠢男子八人或十人，鳴金伐鼓，演唱亂彈戲文，謂之「馬上戳」，
即軍樂之遺。傖者載以娛客，穹篷巨艦，踞坐其間，直如雞鶩一群，啞啞亂
噪，了不悉其意旨。一日之貲，亦需給一二十百錢也。（第 18 集，第 340～
341 頁）

跳槽*

勾闌舊謂子弟去此適彼，曰「跳槽」，不得其解。或本元人傳奇，以魏明
帝為跳槽語始。（第 18 集，第 343 頁）

觀百戲*

起泮宮前至棘院為止，值晴明日，百戲具陳，如解馬、奇蟲、透飛梯、打筋斗、吐火吞刀、掛跟旋腹、三棒鼓、十不閒、投狹、相聲、鼻吹口歌、陶真撮弄，凡可以娛視聽者，翹首伸頸，圍如堵牆，評駁優劣，嘖嘖有言。一遇斂錢之時，則互相退縮，脈〔默〕不作聲。亦或有於囊底瑟縮探一二文與之者；或竟於擾攘中乘隙遁去，俟其開場再演，重又躡足而來。由午迄酉，往復如織，畫舫經過，間亦拉伴同觀。倘有所給，自較若輩為豐厚也。（第18集，第343頁）

《繡荷包》新調*

《繡荷包》新調，不知始於誰氏？畫舫青樓，一時爭尚，繼則坊市婦稚亦能之，甚或擔夫負販皆能之，久且卑田院中人，藉以沿門覓食，亦無不能之。聲音感人，至於此極。嘗見某者，鶉衣鵠面，彳亍泮宮前，持破磁二片，擊之有聲，唱《繡荷包》，靡靡動聽，人或以數文錢給之。隔旬餘，再過其地，某已衣履簇新，且挈一顛醜婦人，年可五十許，塗脂抹粉，手撚三尺長煙筒，扭捏作態，相與對唱《繡荷包》及淫嫚各小曲。余頗心駭，有識之者曰：「此婦不諳何許人，亦工唱。日來聽某唱，惘惘若失，遂罄其貲，自媒於某。某固流蕩子，亦樂就之，今蓋為贅壻矣。」奇哉！（第18集，第345頁）

觀劇嫌隙*

吳下某君，假伴竹軒演劇，並邀諸姬之有名者往觀，以悅其所識之某姬也。某姬乃垂簾障客，而屏招來諸姬於簾外，若不屑與之雜坐者。諸姬已不豫。演未半，伶人以小故迕主人，主人誚讓之。伶人暗於賓白中事嘲諷，主人忿甚，幾至用武，竟不歡而散。夫我輩逢場買笑，揮千金不惜，梨園一部，所值幾何耶？如某姬者，凌人傲物，施之同輩，真為鶻突。況女為悅己者容，一劇之寵，輒自爾爾，直貧薄相哉。或曰，是孛相者之憎憎耳，若輩奚難焉？（第18集，第347頁）

河樓絮別*

《河樓絮別》院本一折，秋槎在都門寄余點訂，蓋其去秦淮時，為韻仙作者。情文委宛，全摹玉茗堂《折柳》筆仗。韻仙獲此，勝於小玉多多矣。（第18集，第360頁）

吳熾昌

吳熾昌（1780？～1856？），字薌圻，浙江海寧人。曾於清嘉慶七年（1802）應試武林。其後一領青衫，科舉失意，遊幕於淮上與燕地。廣見聞，善言論，兼通申韓之學。

《客窗閒話》初集有清道光己亥（十九年，1839）刻八卷本，續集有道光庚戌（三十年，1850）刻八卷本。時代文藝出版社 1987 年版《正續客窗閒話》即依道光刻本排印，茲據此排印本輯錄。

無真叟

時因主人酬神演劇，優伶數十輩爭媚幕中人。有亞祿者，年已冠，雖色藝未衰，而人皆嬖寵幼稚，祿竟無顏，鬱鬱不得志。……（章生）隨意得物，以與亞祿。祿竟與諸稚伶爭勝，有過之無不及。祿感章生甚。未幾劇散，亞祿不知所往，而章生亦不置意。（初集卷二，第 34 頁）

難女

甲子春，船將開行，大宴標客。招優演劇，甚盛設也。（續集卷一，第 149 頁）

語怪

粵東皋署二堂後院，有榕樹一株，其本三人合抱，其末高七八丈，扶蘇廣蔭。樹有神甚靈，故建廟立碑。凡皋使必以禮虔祀，朔、望演劇，則安然無事。若稍有懈怠，神即顯形，緋袍烏帽，據坐公案，必有殃咎。（續集卷一，第 152 頁）

唐詞林

（師）乃命題試之。（唐生）文成，師閱之，擊節讚歎曰：「汝在南方造詣如是，不能入泮，屈死真才矣！」生見師所改兩弟文甚平庸，心輕之。每遇課期，潛往觀劇，晚歸，一揮而就。師猶善其詞也。兩弟密告父。含怒至塾訓生曰：「汝在肆則以讀書自高，在學又嬉遊無度，何怪一事無成？真廢物也。」師聞之，曰「乃侄平日勤學，雖課期外出，其聰明才力，勝乃郎百倍。若以應試，高發可期。」（續集卷一，第 164 頁）

權閻羅王

（延陵生）至一大署，體統比督撫猶壯。輿入中門，鼓樂鳴炮，至甬道，有紅袍紗帽者十六員迎輿而揖。生欲下，役已當輿唱免。生意學師演劇，使優迎之耳。（續集卷二，第 172～173 頁）

張廉訪

津門檔子班主，以錢十餘緡買張姓童子，貌俊而性敏。教之歌，不數月，觀聽者莫不叫絕。但張故舊家子，父母俱沒。為堂兄所略，賣身習賤業，鬱鬱不甘。然年僅十二，不能逋逃也。隨班至正定郡，寓土地祠。……時前明中葉，大璫王振用事。（續集卷五，第 240～241 頁）

鬼孝子

孝子滇人也，談者忘其姓氏。……忽患寒疾，不治而亡。……夜間無事，孝子率鬼黨搬演雜劇，唱陰間善惡報應故事，勝於世劇。母顧而樂之，往往夜半不肯眠。孝子再三諄勸而後息。

公議是日，喚優伶，具盛席，送某生入繼。至日，……內外演劇，百戲僉來。（續集卷六，第 254～257 頁）

王培荀

王培荀（1783～1859），字景淑，號雪嶠，山東淄川（今屬淄博市）人。清道光元年（1821）舉人，任職四川，歸里後主講般陽書院。（張小莊編著：《清代筆記日記繪畫史料彙編》，榮寶齋出版社 2013 年版，第 264 頁）

一、據清道光二十五年（1845）刻八卷本《聽雨樓隨筆》輯錄。

李調元*

李雨村調元與弟鼎元、驥元，先後入詞館，一時有聲藝林。余家藏《童山詩集》，紙板最精，較漁洋山人所刻全集猶為勝之。既來川，所見則惡劣不及遠矣，未知何故。舊藏《雨村年譜》一冊，鼎元和叔編集，塗乙宛然。所刻《函海》，得吾鄉周林汲先生永年鈔本書三十種，後屢索不還。林汲先生博極群書，曉嵐宗伯薦修《四庫全書》，極一生搜求之力，所得半歸雨村。教匪之亂，其族人乘機焚萬卷樓，爭攜藏書以去。其未盡者亦化為雲煙矣。趙雲菘之甥劉君來刺綿州，雨村指名求追，終未能得。雨村以養優被劾，林居猶自教歌舞，醒園池臺之盛，甲於西蜀。復又鑿小西湖，名囷園，今皆廢為田疇菜畦荒陂矣。（卷一，第 28 頁）

楊慎*

楊升庵先生生時，母夢神送五代忠臣夏魯奇至，曰：「武臣也，以《中庸》十八章輔之。」升菴文章冠世而忠節堂堂，蓋夙根也。按：《五代史》魯奇，乃吾東青州人，為唐莊宗大將，最驍勇。莊宗被圍，魯奇持槍挾劍，手殺數百人，衛莊宗以出。單騎追王彥章，槍擬其項，生擒之。鎮許州，將去，萬眾遮

道臥轍，得民心如此。後守遂州，董璋畔，與孟知祥來攻，援絕食盡，魯奇自刎。蓋進節於蜀，即轉生於蜀，其英靈固不泯云。（卷一，第 73 頁）

石韞玉*

江蘇吳縣石琢堂先生蘊〔韞〕玉，以鼎元出知重慶，加意培植文風。東川書院，必親閱課卷，獨賞涪州陳新畬伊言，每課必冠軍，許為川中第一人。嘉慶辛酉，值選拔之歲，學使為探花陳鍾溪先生希曾，與琢堂為同年。琢堂意新畬應首選。有陳昉者，亦涪州人，與新畬同族，號午垣，詩文俱佳，字學《靈飛經》，尤為川中之冠。鍾溪以翰苑器之，因琢堂特賞新畬，故入選。及鄉闈榜發，新畬果以第一人發解，眾論翕然，以琢堂先生為知人。士子爭傳誦解元文，名噪一時。午垣是科亦登鄉薦。（卷二，第 41 頁）

編者案：石韞玉（1756～1837），字執如，號琢堂，一號竹堂居士，江蘇吳縣（今屬蘇州市）人。清代戲曲家，著有雜劇《伏生授經》《羅敷採桑》等九種，合稱《花間九奏》。

楊潮觀*

金匱楊笠湖觀潮〔潮觀〕，乾隆丙辰進士，蓉裳、蘿裳之父也。先為河南縣令，曾於闈中夢麗女囑以桂花香卷子千萬留意。及閱表文，有「杏花時節桂花香」句，薦之得售，乃侯朝宗裔。麗人疑是香君，一時傳為佳話。笠湖後牧四川邛州，過巫山神女祠，詩云：「神女祠前落日曛，千秋禹跡異傳聞。君王一夢渾閒事，何處山川不出雲。」別具見解，不襲前人。事載《隨園詩話》，詩載《雨村詩話》。蓉裳以詩鳴，蓋淵源家學，而父子三人俱仕於川，亦奇。[1]（卷二，第 43 頁）

編者案：此則記載有誤。蓉裳（楊芳燦）、荔裳（楊揆）、蘿裳（楊英燦）俱為楊鴻觀之子，楊潮觀乃其伯父。（參看〔清〕趙懷玉《亦有生齋集》文卷十八《戶部廣東司員外郎前甘肅靈州知州楊君（芳燦）墓誌銘》）

雪蓑道人*

巴中嘗有雪蓑道人，詩文奇妙，無塵俗語。嘗揭聯於室，曰：「雪裏披蓑寒動一天星斗，雲間補衲暖回大地山河。」按：雪蓑不知何許人，遨遊吾淄，與張儀部相交，能寫大字徑丈，小亦徑二三尺，如龍蛇飛舞。儀部愛而學之，子孫以書名青州。衡王誕日，道人於南山磨崖書大壽字，刻成，橫畫間可臥

一人，至今如故，不知其何以書也。大字石刻，余多見之。傳為萬曆時人，或以為仙。（卷三，第 25 頁）

編者案：莊一拂《古典戲曲存目彙考》卷十「下編傳奇二·明代作品下」於「雪簑漁隱」名下著錄《沉香亭》一種，並謂「雪簑漁隱，姓名、字號、里居皆未詳」，又引《曲海總目提要》稱：「明初人作，不知誰筆。」（上海古籍出版社 1982 年版，第 1123 頁）蘇洲，號雪簑漁者，雪簑道人，江湖文人。能作詞曲，為明嘉靖間著名文士李開先之門客。疑即其人。（詳可參看趙興勤：《莊一拂〈古典戲曲存目彙考〉補正》，人民文學出版社 2019 年版，第 128～129 頁）

雨村誤會柳泉*

李雨村載吾淄蒲松齡先生《過青石關》詩，以為即墨人，誤矣。先生號柳泉，著《聊齋誌異》，幾於家有其書，何未詳其為何許人？詩云：「身在甕盎中，仰看飛雁度。南山北山雲，千株萬株樹。但見山中人，不見山中路。樵者指以柯，捫蘿自茲去。勾曲上層霄，馬蹄無穩步。忽然聞犬吠，煙火數家聚。挽轡眺來處，茫茫積翠霧。」先生詩集粗閱一過，此首確是先生手筆。雨村以為專學漁洋，非也。當時先生與同邑高侍郎念東、唐太史豹岩、張貢生崑崙山人篤慶及家銀臺公結詩社，無一趨步漁洋者。漁洋弟子徧天下，未覿面而奉為圭臬者亦不乏人。柳泉與漁洋往來尺牘，余盡見之。惟問答《誌異》一書，漁洋題贈七絕，先生亦答以絕句，余無有也。……柳泉先生詩未刻，不知雨村於何處見之，所載詩亦非其至者。錄二首，足見其概。《河堤遠眺》云：「黃河橫卷半天流，河外斜陽繫客舟。歧路徘徊思弟妹，十年患難重交遊。池中芳草來春夢，笛裏梅花起暮愁。雲水欲窮千里目，時時風雨一登樓。」「湖外含煙煙似水，湖中凝水水如煙。灘平細浪移沙岸，日落孤村繫客船。漁艇暮燈猶泛泛，桃花春色自年年。長河北去帆無數，低盡寒空綠接天。」視漁洋風格奚似？嘗見他書所載，亦或以張篤慶為平原人；疑刻者之訛，坊本未可據也。（卷五，第 8～9 頁）

錢忻和*

錢香士忻和，雲南人，乙未進士。兩署屏山，升務關全知。題《聽梅玉簪劇》數絕，記其一云：「良緣拚向此生休，一度梅香一度愁。不信風霜久摧折，玉簪仍上美人頭。」有《陣雲立馬圖》，題者甚多。（卷五，第 14 頁）

雅俗甕*

成都相如故宅有琴臺，掘其下，得甕數十，蓋空其下以響琴，用意深微，何其韻而雅也。卓王孫故宅，掘其下，亦得二甕，口小，僅容一錢，腹大可容數石，蓋撲滿最巨者，中貯五銖錢無數，何其俗而愚也。（卷五，第 16 頁）

秦良玉*

鄧通之銅山，富人而乞丐也；張桓侯之刁斗，武人而文雅也；秦良玉之白杆，婦人而丈夫也：亦可謂之三反。

秦良玉，詠之者多名作。明思陵當日所賜絕句四首雖空寫，後來竟不能出範圍。蓋後人身處局外，詳於事實，以議論角勝；思陵親當困阨，且喜且歎，言外唏噓欲絕：此摹擬與真境之別也。（卷五，第 27～28 頁）

秦良玉，未知究竟如何？或云殉節，或云病故。歿後子某承襲。子死，妻沈氏襲爵。有逆僕，沈責之，僕投朱榮藩，言沈氏容貌豔麗，金珠盈笥。榮藩令孫可望等兵攻石柱，虜沈氏為妻。後知僕言妄，乃磔其僕，殺榮藩，送沈氏還石柱。（榮藩，明宗室，據白帝城稱王，而所為如此。）（卷八，第 10 頁）

編者案：〔清〕董榕所作傳奇《芝龕記》、〔清〕許鴻磐所作雜劇《女雲臺》及〔清〕陳烺所作傳奇《蜀錦袍》，俱寫秦良玉故事。

蔣派*

蔣心餘先生，詩與袁、趙齊名，足跡未至蜀，而《詠咂酒》一篇，《四川通志》載之，足資掌故一門。子弟皆好客喜遊，談笑風生，時人謂之「蔣派」。子君質能讀父書，精篆籀，著《墨餘書異》，不盡載鬼狐，前輩軼事亦往往見焉。……君質名知白。子立仁，號完卿，以知縣分發來川，現署樂至。（卷五，第 56～57 頁）

編者案：蔣士銓（1725～1785），字心餘，一字苕生，號藏園，一號清容，鉛山（今屬江西）人，與袁枚、趙翼並稱「乾隆三大家」。戲曲創作方面，主要有劇本集《西江祝嘏》和《清容外集》，前者收《康衢樂》《忉利天》《長生籙》《升平瑞》四種雜劇；後者收《一片石》《空谷香》《桂林霜》《四絃秋》《香祖樓》《雪中人》《臨川夢》《第二碑》《冬青樹》九種戲曲。此外還作有《採樵圖》《采石磯》《廬山會》等。

雙慶班*

《西川海棠圖》，合浦李載園為陳銀官作。銀官，雙慶班魏三之弟子。蜀伶不足觀，二人乃擅名都下。或謂魏三美而不豔，銀官豔而不美。魏三學秦腔，非正聲，又因其善狐媚，謂之野狐教主，當時為之傾靡。銀官兼通幻戲，當場弄巧，幾有青出於藍之譽。《燕蘭小譜》稱其如魚戲水，如蝶穿花；又有詠之者云「垂髫狐子比妖嬌，剪舌鸚哥遜伶俐」，形容盡矣。昔名流談燕，各述其鄉物產。問蘇州人出何物，曰狀元。再問，曰小旦。然則二人亦蜀之土產也。有人題《海棠圖》云：「細腰千載說橫陳，俗豔休爭別樣春。可是霓裳泥沉醉，華清宮外月如銀。」「翠拂修蛾霞點腮，錦官城畔幾經開。春風帝裏花如海，爭買胭脂學樣來。」李雨村贈魏三云「一生花裏活，三日坐中香」，亦佳句也。（卷六，第47～48頁）

升菴辨蘭*

蜀地蘭蕙最多，肩挑販鬻價甚低；而素心異種，究竟難得。升菴先生嘗至廣通響水關，見所產蘭綠葉紫莖，春華秋馥，云：「楚騷所稱紉佩者即此。」人家盆中所植，乃蘭之別種，蒜與芷耳。馬邊又有所謂雪蘭，隆冬雪中盛開，四川他處所無，恐海內亦少此種。（卷七，第44頁）

升菴故宅*

劉燕庭先生由蜀臬擢兩浙布政，吾東諸同鄉約送至新都，往遊桂湖。約五六畝，荷花猶有存者；南岸堆土為嶺，排植桂樹；東為升菴先生祠，劉玉坡藩憲懸聯甚長，不復記。先生故宅，今為典史署。王阮亭典試經過，見雙桂尚蟬蜷，兵火後化劫灰矣。故物餘石榴一株，升菴夫人黃氏詠庭榴云：「大荒西域種原奇，第一緋英上苑姿。不到秋深丹結實，獨於夏午豔垂枝。已嫌桃李開何早，略笑芙蓉發亦遲。萬點落霞明照眼，彩衣金屋正相宜。」榴迨今垂三百年，大可合抱，根出土二尺，即岐為兩：一臥地屈走，復人立高出簷際；一柯干天矯如龍，五月開花，至十月不絕。輸南少府為之記，琢石承其四隅。高蔭山比部命工繪圖；石屏朱丹木孝廉作四言詩，多和之者。孫野雲鎮作七古一篇甚長。（卷七，第46～47頁）

相如琴臺*

人皆以相如為成都人，實今之蓬州人，後遷成都，又居臨邛。三處皆有琴

臺。蓬州，隋之相如縣，以相如所居之地而名，明初乃省入蓬州。其故宅在州南，琴臺在宅右，傍嘉陵江。《周地圖記》：臺高六尺，周四十四步。後人建祠，明學使盧雍詩云：「蜀中人物稱豪傑，漢室文章擅大家。此地卜居猶故跡，當時名縣豈虛誇。琴臺積雨蒼苔潤，祠屋濱江草樹嘉。莫問少年親滌器，高風千載重詞華。」江北有相如坪，傳長卿治別業於此。墓在灌縣東十二里。（卷七，第 82 頁）

編者案：司馬相如與卓文君故事，在戲曲作品中屢見，如宋雜劇《相如文君》、宋元戲文《司馬相如題橋記》《卓氏女鴛鴦會》、元雜劇《升仙橋相如題柱》《卓文君白頭吟》《鷫鷞裘》、明雜劇《卓文君私奔相如》《漢相如獻賦題橋》《琴心雅調》、明傳奇《琴心記》《凌雲記》《鳳求凰》、清雜劇《長門賦》《卓女當壚》、清傳奇《封禪書》《鷫鷞裘》《鳳凰琴》《茂陵弦》等等。

二、主要據清道光二十五年（1845）刻六卷本《鄉園憶舊錄》輯錄。

李開先*

章邱李中麓開先，官太常，藏書之富，甲於齊魯。明時文淵閣書，許臣工借鈔故也。公工詞，所藏名畫皆自為品第。王元美閱之，云：中麓畫無一佳者。弇州耳目廣，持論高，往往如是。其藏書，國初猶存。徐尚書元一購得其半，籤帙必精，丹黃如故。今其半俱化過眼雲煙矣。（卷一，第 17 頁）

編者案：李開先（1502～1568），字伯華，號中麓，別號中麓放客，山東章丘人。明代戲曲家，撰有戲曲理論著作《詞謔》，並作傳奇《寶劍記》《斷髮記》《登壇記》、雜劇《園林午夢》《打啞禪》《喬坐衙》《攪道場》《昏廝迷》《三枝花大鬧土地堂》。

蒲松齡*

蒲柳泉先生松齡，母夢老僧入室而生，穎悟絕倫，淹貫群書。作文空諸所有，一縷清思為題，曲曲傳神寫照，時文中白描高手也。施愚山評其文謂剝膚見骨。場中文多取癡肥，故終身不遇。工四六，詩集僅四冊，蓋以餘力為之。邑之東有柳泉，深丈許，水滿而溢，泉上小山簇簇，作兒孫羅列，圓如米聚，方如印覆，雜以垂楊綠柳，縈青繚白，渾無斷際。先生愛之，遂以為號。某公逸老園，臨河面山，自記云：「山以石勝，高狀矗矗，下狀兀兀，肥狀悶悶，瘦狀棱棱，虎若而伏，人若而立，羊若而群，不可品名，不可以策數。」先生

於此逸老，性詼諧而剛直，不少假借。就自作《誌異》中擇《珊瑚》《張訥》《江城》，編為小曲，演為傳奇，使老嫗可解，最足感人。又纂輯古來言行有關修身、齊家、接物、處事之道者，成書五十六卷，粹然醇儒之學，特無力刊行。世人或譏其輕薄，不知嬉笑怒罵皆具救世婆心，非以口筆取快一時也。所著《聊齋誌異》，人服其才學，而未知其生平心術，故略錄梗概焉。（卷一，第25～26頁）

吾淄柳泉先生作青州《金和尚傳》，閱之令人失笑。嘗疑和尚即富，何至聲勢赫奕如是。士人云：明有蜀僧明愷（其音如是，不知是此愷字否），居諸城某山。萬曆皇后有目疾，召僧療之，愈。敕建護國光明寺，有田二千畝。偶有頑蠢之童來（安置別所），崇禎時也。既而我朝定鼎，巡撫山東係旗人，物色得童，云是其叔，招之歸娶，不肯，乃環寺置田二百頃，一時布施雲集，興造殿宇，規模宏壯。後買一子，讀書登科，榜名金奇玉，號卓庵，詩文俱工，稱名士云。（卷一，第66頁）

國初邑令某清丈田畝，鄉派一人司事，謂之督丈。里中無賴賄胥吏，得與其選，大肆威勢，高下其手。蒲柳泉先生年方稚，編《督丈詞》，皆市井俚語，形容鄙態，令人絕倒。然即此足見當日情事，作《韻語陽秋》觀可也。先生子若孫，皆有聲場屋，今式微矣。平生所御琴，為邑令王燕南買去；壽山石圖章一匣，色理俱佳，篆法古雅，亦售於他人。或傳柳泉一子能記前生，《聊齋》不載，未可信。余見其族某，幼時至某家，能知其內曲折，蓋生七八歲即夭，後轉生也。（《督丈詞》皆以七字為句。《縣志》有云：「舊步弓長若干，今驟減若干，為害匪淺。」未知即此時否？）（卷一，第73頁）

吾淄蒲柳泉《聊齋誌異》未盡脫稿時，漁洋每閱一篇寄還，按名再索。來往札，余俱見之。亦點正一二字，頓覺改觀。……或傳其願以千金易《誌異》一書，不許，其言不足信也。《誌異》有漁洋頂批、旁批、總批。坊間所刻，亦云王貽上士正評，所載評語寥寥，殊多遺漏。（卷二，第9～10頁）

蒲柳泉先生有小像，不知誰作，馬子琴題之云：「雙眸炯炯岩下電，龐眉大耳襯赤面。口輔端好吟鬚長，奕奕精神未多見。」余不具錄。按先生誕時，母夢老僧入室，形容枯瘦，偏袒，胸貼膏如錢。及生，有黑志在乳際。而生像乃如是。讀《聊齋誌異》者，無不想見其人。此詩能貌其梗概，故節錄之。（齊魯書社1993年校點本，第428～429頁）

趙執信*

趙秋谷先生以演《長生殿》罷官。劇本雖洪昉思撰，而秋谷改定處特妙。劾之者為禮科給事中黃某，即著《福惠全書》者；前官山東郯城令，有聲。相傳黃入都，以土物及詩集饋秋谷。秋谷回帖云：「土物拜登，大集敬璧。」因是銜之次骨，蓋修報也。里居時，嘗見其奏疏牽引多人，且有書辦溷雜，末云：「臣在禮言禮，與諸人素無嫌怨。」其中多有名士，都人有口號云：「國服雖除未免喪，如何便入戲文場。自家原有三分錯，莫把彈章怨老黃。」「秋谷才華迥絕儔，少年科第盡風流。可憐一劇《長生殿》，斷送功名到白頭。」失志家居，林泉自樂，目見漁洋歿後，子孫凌替，書籍散失，赫赫富貴，黃粱一夢，轉瞬間耳。遨遊江山，詩集愈富，未必非造物所以玉成之也。（卷一，第 29 頁）

禰衡籍里*

禰正平衡，皆以為平原人，一書獨稱為般人。吾邑張歷友《弔禰衡》詩序，以為吾淄人。學者疑之。不知先生博覽載籍，固有所本，非濫引前賢以為重也。書云：「禰衡般人，少有才辨，而氣尚剛傲。」般或作盤，劉宋時，王邈據盤陽；又，房靈寶戍盤陽。漢為般陽，三字通用。（鸚鵡洲，江水蕩沒，古蹟湮矣。）（卷一，第 64 頁）

牧羊*

家亦山公少穎悟，工詩賦、古文，與畢司農兄弟戚誼，而以文章莫逆。司農昆仲八人，號皆從陽，有華陽、震陽、青陽、旭陽、祝陽、沖陽。司農則曰白陽也。新貴宴賀客，優演《蘇子卿牧羊》故事。公在座，指示眾賓曰：「是何羊之多耶？有白羊焉、青羊焉。白羊其先眾出群者乎！蠕蠕而動，雍雍而來者，非旭陽耶？突群而至者，是沖陽耶？何坌塵蔽目，震其後者，又有羊耶？」戚友皆為哄堂。（卷一，第 72 頁）

孔尚任*

孔東塘尚任，自稱雲亭山人，由國子博士，歷官戶部員外郎。博雅好古，作《漢銅尺記》《周尺考》《周尺辨》。漁洋稱其精覈。作《桃花扇》傳奇，一時風行，紅蘭主人以通部教其梨園。在淮陽駐節三年，或招之宴飲，席間輒演《桃花扇》，俟其點正疏節。有某伶善唱《畫扇》一折，尤所心喜。《大海

潮》《小忽雷》兩詩，足備掌故。《揚州》云：「阮亭合向揚州住，杜牧風流屬後生。廿四橋邊添酒社，十三樓下說詩名。曾維畫舫無閒柳，再到紗窗祇舊鶯。等是竹西歌吹地，煙花好句讓多情。」自記《出山異數》一篇，述出處甚詳，云：讀書山中，衍聖公因值聖駕東巡，將臨幸曲阜，招修明禮器，肆習樂舞，所教共七百人。及駕詣闕里，擇期講書，命擇孔氏學問優長者先擬講章；衍聖公令其撰進。維時掌院學士常公書、侍讀學士朱公瑪泰、山東巡撫張公鵬與衍聖公毓圻，列坐一堂，書為《大學》聖經第一節、(《易經》)繫詞首節。時構思不屬，久未落筆。張公謂衍聖公曰：「可令別坐一室，令其從容結撰。」既而頃刻就《大學講義》一篇，諸公傳觀，諮賞再。令作《繫詞解辭》，以專門習《詩》，於《易》實未究心。朱公笑曰：「未通五經，何云博學？」勉為之，脫稿。朱公曰：「名下無虛士！」繕清，呈進。明日引見，諭：「有數字未妥，須再改。」時跪簾外，未知應改何處。及發下，視字旁微有爪甲痕者，遵照改進。明日，駕詣廟，步行升殿，行三跪九叩禮。禮畢，步升詩禮堂御座。南面立講書官，對立宣講，音吐清朗，義蘊敷暢。上顧侍臣曰：「經筵講官不及也。」禮畢，命衍聖公與講書官導引遊覽，每遇古蹟顧問，條對詳明，深蒙寵眷，擢五經博士。著有《闕里志》，聖蹟大備，嗜古之士無不推服。（卷二，第 6 頁）

蘇雪蓑*

雪蓑道人蘇洲（河南杞縣）嘗遊巴中；嘉隆間遊歷下，往來淄川，益都人以為仙。詩文奇妙，無塵俗語。嘗自作聯曰：「雪裏披蓑寒動一天星斗，雲間補衲暖回大地陽春。」善作寫大字，龍蛇飛舞。龍洞大殿前，有《蓑雪碑記》，作狂草，署名曰五湖散人兼三十六洞天牧鶴使者。衡王誕日，於南山石壁大書壽字；刻之，中間橫畫可以臥人。石壁絕高，不知當日何以運筆。能譜一弦琴，亦孤調也。吾淄張相國家多學其書法，蜿蜒攫挐，倉卒使人莫辨其字。[1]（卷三，第 33 頁）

編者案：〔1〕此與《聽雨樓隨筆》「雪蓑道人」互見，但姓名、籍里明確，故並存之。

醉琴道人*

歷城北極廟來一道士，號醉琴，南人也。以諸生出家住此，彈琴、圍棋，唱崑曲，亦好作詩。初至，延賓一日，會詩一日，會琴、圍棋、歌曲皆分日而

集。一時士大夫多與往還。張船山贈以聯，有跋，仍隨手改竄。倩江南汪姓者為作《東郭墦間圖》，一名若此，圖寓諷世意，高自位置，以風流自命。齊河郝筌為題詩云：「誰向鵝溪為寫真，幻中形影畫中身。紅閨夜夜相思夢，不道塵間有乞人。」「黃庭一卷證前修，訕泣寧遺妻妾羞。若把浮雲較蹤跡，不堪回首古揚州。」（卷三，第 34 頁）

唱【黃鶯兒】*

章邱平陵城有盜跖冢，聞河南有盜跖廟，祠宇壯麗，香火甚盛。凡祀，必以妓女之幼者唱【黃鶯兒】以侑酒。有聯甚佳，惜不全記，撮其大略書之。云：「算是俺不士不農不商不賈，大睜眼看破冷暖人情，說甚麼柳下聖兄垂青史；任憑他稱皇稱帝稱霸稱王，急翻身跳出混沌世界，且落得花間小女唱黃鶯。」於極難著筆處寫得如許豪邁，文人筆下無所不有。（卷三，第 63 頁）

諸　聯

諸聯（1783？～1843後），字晦香，號明齋，江蘇青浦（今屬上海市）人。博士弟子員，屢試不第，以遊幕、課徒為生。工聲律，喜為詩。（謝伯陽、凌景埏編：《全清散曲（增補版）》中冊，齊魯書社2006年版，第1323頁）

茲據臺灣《筆記小說大觀》所收十二卷本《明齋小識》輯錄。

演戲坍橋

大通橋在小西門內，兩岸皆市廛，無隙地。港小而淺。三十九年夏，船上演戲，人多佇立於橋，乘舟者藉避炎歊，泊橋下。日稷橋圮，壓損無算，水為之赤。有孫氏婦首碎腦流，及殮，以杓舀腦而注於首。（卷一，第21編，第5935頁）

踹死童子

城隍廟觀劇，人每爭先占樓上。四十年春，賽神演戲，兩樓人滿，遂捐其梯。未幾，鄰突煙騰，訛傳火起。樓上客紛紛鼠竄，未知梯之已去也。先下者墜，繼下者躓之而亦墜，愈積愈多，愈不能起，竟與樓齊。後下者並不曉足下之為人，皆踹之。踰刻煙定，有六童子相枕如菹醬，是逃生而反得死也，哀哉！（卷二，第21編，第5940頁）

詞譜工尺

許穆堂侍御（寶善）季年好音。家居後，常尋舊制，自度新腔，滴粉搓酥，緣情協律，爰取前賢詞句，譜以工尺，訂成六卷，四聲二十八調，清濁高下，

南調北調，鏨然炳然。咀徵含商之士，咸奉為香草。嗣君蘭圃（蔭培）夙稱慧業，克紹家聲。予曾晤於棘闈中，風神諧暢，詞旨清超，相得為甚歡。惜登桂籍，即赴蓉城。（卷五，第 21 編，第 6027 頁）

疑做戲

予同許萊英（兆鰲）、蔡古匏（寅鍾）、莊茶村（如璋）、鄒黃圃（硯）、方受之（祖範）、陸鯉塘（晉雲）、潘南陔（信籽）、顧秋槎（景瀾）應試，過潼關，土人疑為梨園子弟，便問何處演戲。僕從答以南京貢院中。莊曰：「予等本皆傀儡，未知何人能做一場好戲？」（卷五，第 21 編，第 6043 頁）

魯班祠

棣華橋南有魯班祠，為闔邑匠人拜祀所，廟僅一楹，歲久傾側。至辛酉夏，木工、圬者斂錢演劇，异而奉神於城隍廟後樓。一時鳴鑼者、肩輿者、執香者、衣冠者、持儀仗者，鹵簿紛杳，稱婋前行，皆匠人也，謂曰「匠人之會」。（卷七，第 21 編，第 6083 頁）

魌魁猛將廟

昔年時疫流行，里人築庵禳邪，創名魌魁。後鎮以庵，傳自何淡安遷居是鄉，四方就醫者，車轂輻輳。何又能養冗人，於是馬嘶人沸，一市稱雄。中有猛將廟，神係劉姓，生宋紹興間，年十三，領兵破金兀朮，捍民有功。萬曆甲寅，顯靈茲土，知為其舊居地，由是立廟祀之。後報賽祈穀，歲必於八月十六，三日演戲。又因時市農器，貿者畢集，故遊人湊聚。（卷八，第 21 編，第 6120 頁）

花鼓戲

花鼓戲傳未卅年，而變者屢矣。始以男，繼以女；始以日，繼以夜；始於鄉野，繼於鎮市；始盛於村俗農畋，繼沿於紈袴子弟。胡琴弦子，儼號宮商；淫婦姦夫，居然腳色。戲場中演出怪怪奇奇之陣，而海濱逐臭之夫，或集詩歌相贈，假曰多情，斯文掃地矣。（卷九，第 21 編，第 6140 頁）

明王廟

柘澤明王廟，向在城隍廟大門內。乾隆乙巳，移於北關，夏屋三楹，足供

香火。至己巳，邑人改造離宮，廣行勸募，土木聿興，而廟在其側，爭奇競勝，亦建戲樓大門，各費千餘金。夫當十室九空之際，而選事諸君，持簿籍喋聒，索布施，甘劻勷，不顧嫌忌，冥冥中將何以報！（卷十，第 21 編，第 6175 頁）

永安橋坍

三月十八，俗傳土地解餉於玉皇，懸綵演劇，號為勝會。恟愁不知其罔，茹齋十日，聚眾鳴鑼，執香跪送焉。細林山下，觀者趨趄不絕。越兩年又舉，沿以為例。庚午，聚方家窯鎮，有橋曰永安，丁卯新建也。於人煙湊集、舟楫往來時，忽然傾圮，壓舟為粉。或天以警愚罔乎？（卷十一，第 21 編，第 6195 頁）

代僧搬料

天馬山僧之造觀音殿也，堆積木料，難於速運。時逢七月晦〔望〕日，有盂蘭盆會，俗至寺中，燒白蓮船，士女踵踵。僧和南謂眾：「能搬木料，其福德不可思量。」一時如蟻傳遞，頃刻而畢。又，山底置磚瓦數萬，傳言擇日清晨演戲，觀者如雲，僧囑優伶不即開場，向眾曰：「時刻尚早，可運瓦至寺，然後試鑼鼓。」未及半日，所積盡送峰巔。（卷十一，第 21 編，第 6204 頁）

優伶

某制府至松觀兵，閱海塘，逗留三日，供億浩繁，祇糖食一品，用銀四百兩，他物無論。事竣返蘇，駐山塘，屬吏承奉尤謹，遍選優伶環伺之。內一伶色藝雙絕，賞給無算，最後給一鼻煙壺，光彩奪目。時制府已醉，丞唯曰：「此係前年主子所賜爾。」伶叩首不謝，捧以出，明日賂僕返繳。咸謂是伶能識大體。（卷十二，第 21 編，第 6237 頁）

看戲得婦

朱翁幼居縣後街，美如冠玉，往市觀劇。會紹興一女郎，隨母過青，亦登樓觀劇。女固纖腰秀項，面粉唇朱。胡然而帝也，雙情交暎，不覺神搖色奪。未幾擲臂釧下，墜朱衣襠，相視而笑。迨日銜半規，猶然木立。旋來奶娘，喚之去。其母本為相攸計，即解纜到家，贅為壻，隸籍紹興，仍朱姓。此間樂，狄公無復顧雲矣。家有老母，撾策灼龜無耗，售室與薛氏。母死，

似續以斬。後生孫，戊辰舉於鄉，連捷禮部。壬申，掌教雲間書院，向同人自言祖籍青邑，欲訪高、曾隴墓，然世遠年湮，知者實鮮。（卷十二，第 21 編，第 6246 頁）

自壽曲

余生於又二月古花朝日，今年逢閏，又恰值五秩之期，天與良辰，歡喜無量，然身似黃楊，頭將白雪，來日無多，百端交集。竊思四十九年事事皆非，知猶未知，末由懺悔，聊製新聲以攄夙鬱。無腔曲子，當不值伶工一哂也。【南仙侶入雙調・步步嬌】廿番風信剛吹到，天放晴光好，真個是花朝。推窗細瞧，一概花開了。驀地里門敲，有客稱觴，同譜煙霞調。【玉嬌枝】功名丟掉，細思量悵望徒勞。看看全似冬烘老，休管那世事蹊蹺。任胸懷沖起斗牛搖，眼睛覷著乾坤小。待明朝、約些詩僚酒僚，盡今宵、伴這花嬌柳嬌。【八聲甘州】年年氍氀，想書生命薄，何苦嘮叨。黃金紫綬，不殼俺掀髯一笑。從今呵、楊花弱質因風鬧，杜宇離魂隨雨銷。且把，綺夢兒圍住花梢。【好姐姐】敞華筵憑這遭，問春花為誰清曉。先生老矣，甚麼意蕊心苗。閒計較，願來年東風更早，翦彩勝仍繫柳條。【解三醒】我也曾寫過鸞箋鳳藻，我也曾讀遍虎略龍韜。我也曾模山范水耽憑眺，我也曾鹿侶蝦朋費款邀。我也曾登樓寂寞依劉表，我也曾解蒼茫贈漢皋。恁蕭騷，掙不著花晨月夕，半世逍遙。【前腔】怎忘得縹緗滿架忙探討，怎忘得紅樹溪頭掛酒瓢。怎忘得夭桃搖曳呈波俏，怎忘得樓上盈盈弄紫簫。怎忘得雨前熟爐煙嫋，怎忘得金鴨蘼蕪香乍燒。[1]怎忘得月情雲思，年少豐標。【六么姐兒】沒來由鬢蕭蕭，七尺昂藏窮裏愁包，馬周遇合總虛枵。烏兒兔兒，匆匆同幻泡。縱他年壽算能高，只不過絮揚萍飄。【醉扶歸】見幾個顫巍巍獨佔了顯要，任幾個眼睜睜狠擁著錢刀。讓青春隊隊的英豪，歘微軀漸漸的枯槁。孽由自召料難逃，況油鹽醬醋輸人巧。（下闋）（卷十二，第 21 編第 6254～6255 頁）

編者案：〔1〕此句下，《全清散曲》尚有「魂顛倒」句。（參看謝伯陽、凌景埏編：《全清散曲（增補版）》中冊，齊魯書社 2006 年版，第 1324 頁）

沈　濤

沈濤（1792～？），原名爾政，字西雝、季壽，號匏廬，浙江嘉興人。幼從段玉裁遊，清嘉慶十五年（1810）舉人，官如皋知縣，擢守直隸真定等地，病歿於泰州。（江慶柏編著：《清代人物生卒年表》，人民文學出版社 2005 年版，第 357 頁；錢仲聯等：《中國文學大辭典（修訂本）》下冊，上海辭書出版社 2000 年版，第 1324 頁）

茲據清道光二十八年刊四卷本《交翠軒筆記》輯錄。

《琵琶記》與《三國演義》*

明人作《琵琶記》傳奇，而陸放翁已有「滿村都唱蔡中郎」之句，今世所傳《三國演義》亦明人所作，然《東坡集》記王彭論曹、劉之澤云：塗巷小兒薄劣，為其家所厭苦；輒與數錢，令聚聽說古話。至說三國事，聞玄德敗，則顰蹙有涕者；聞曹操敗，即喜唱快。以是知君子、小人之澤，百世不斬云云。是北宋時已有演說三國野史者矣。又，李義山《驕兒詩》「或謔張飛胡，或笑鄧艾吃」，似當日俳優已有以益德為戲弄者。（卷四，第 11 頁）

山歌*

吾鄉榜人欸乃之曲，俗名山歌，其實乃水調也。《墨莊漫錄》：吳人多作山歌，聲怨咽如悲，聞之使人酸辛。王元之《小畜集》有《唱山歌》詩，宋時已有山歌之名。又，《湘山野錄》載，錢武肅還鄉，見父老揭吳喉唱山歌「你輩見儂底歡喜」云云，是山歌實起於五代矣。（劉若愚《酌中志》司禮監經廠內庫所藏有《山歌》一本）（卷四，第 17～18 頁）

梁紹壬

梁紹壬（1792～？），字應來，號晉竹，浙江錢塘（今杭州市）人。清道光元年（1821）舉人。工填詞，客死粵東。自編定詩十六卷，餘稿為居停主人所留。著有《兩般秋雨盦隨筆》。見《兩浙輶軒續錄》卷三十、《國朝詞綜續編》卷九、《晚晴簃詩匯》卷一三〇等。

茲據上海古籍出版社 1982 年版八卷點校本《兩般秋雨盦隨筆》輯錄。

《琵琶記》

高則誠《琵琶記》，相傳以為刺王四而作。駕部許周生先生（宗彥）嘗語余云：「此指蔡卞事也。卞棄妻而娶荊公之女，故人作此以譏之。其曰牛相者，謂介甫之性如牛也。」余曰：「若然，則元人紀宋事，斥言之可耳，何必影借中郎耶？」先生曰：「放翁詩云：『身後是非誰管得，滿村聽唱蔡中郎。』據此，則斯劇本起於宋時，或東嘉潤色之耳。」然則宋之《琵琶記》為刺蔡卞，元之《琵琶記》為指王四，兩說並存可也。（卷一，第 26 頁）

徐文長

會稽家文定公（國治）里第，在紹興府城東，地名曲池，明徐文長青藤書屋故址也。中有先生塑像，舉家崇祀甚謹。此屋每遇科場之歲，嘗有人借寓讀書，先生必顯靈異。如有人入彀者，則紅袍而出，否則青衿也。又曾於蕭山王氏見所藏文長小像一幅，方頤廣額，白晳朗秀，戴烏巾，衣白袍，斜坐鹿皮裀上，旁侍立一子，自題讚語於上云：「骨法重，軀瓠白，便便經史一百冊。須積風，起大翼，最晚明歲此時得。子能和，在陰鳴，復似雨鶴不作鵬。」下有

「天池漱仙渭」五字。又一行寫「萬曆乙亥仲秋繪者沈樵仙也」十二字，書法蒼逸，畫亦簡老。（卷一，第 44 頁）

小說傳奇

小說起於宋仁宗時，太平已久，國家閑暇，日進一奇怪之事以娛之，名曰「小說」。而今之小說，則紀載矣。傳奇者，裴鉶著小說多奇異，可以傳示，故號「傳奇」，而今之傳奇，則曲本矣。（卷一，第 53 頁）

戲名對

同人小飲，集戲名對偶為令，茲擇其尤工者錄之。驚丑（《風箏誤》）對嚇癡（《八義記》）。盜甲（《雁翎甲》）對鬨丁（《桃花扇》）。訪素（《紅梨記》）對拷紅（《西廂記》）。扶頭（《繡襦記》）對切腳（《翡翠園》）。開眼（《荊釵記》）對拔眉（《鸞釵記》）。折柳（《紫釵記》）對採蓮（《浣紗記》）。麻地（《白兔記》）對蘆林（《躍鯉記》）。教歌（《繡襦記》）對題曲（《療妒羹》）。春店（《萬里緣》）對秋江（《玉簪記》）。哭像（《長生殿》）對描容（《琵琶記》）。敗金（《精忠記》）對埋玉（《長生殿》）。三擋（《麒麟閣》）對七擒（《三國志》）。逼試（《琵琶記》）對勸妝（《占花魁》）。打虎（《義俠記》）對罵雞（《白兔記》）。看襪（《長生殿》）對哭鞋（《荊釵記》）。刺虎（《鐵冠圖》）對斬貂（《三國志》）。亂箭（《鐵冠圖》）對單刀（《三國志》）。拜冬（《荊釵記》）對賞夏（《琵琶記》）。告雁（《牧羊記》）對嗾獒（《八義記》）。思飯（《金瑣記》）對借茶（《水滸記》）。斬竇（《金鎖記》）對刺梁（《漁家樂》）。投井（《金印記》）對跳牆（《西廂記》）。送米（《躍鯉記》）對拾柴（《彩樓記》）。相面（《宵光劍》）對審頭（《一捧雪》）。醒妓（《醉菩提》）對規奴（《琵琶記》）。盜令（《翡翠園》）對偷詩（《玉簪記》）。飯店（《尋親記》）對酒樓（《翠屏山》）。北樵（《爛柯山》）對西諜（《邯鄲夢》）。落院（《繡襦記》）對借廂（《西廂記》）。小妹子（《時劇》）對胖姑兒（《慈悲願》）。鬧天宮對遊地府（《安天會》）。醉易放易（《鳴鳳記》）對相梁刺梁（《漁家樂》）。大宴小宴（《連環記》）對前親後親（《風箏誤》）。（卷二，第 98～99 頁）

京師梨園

京師梨園四大名班，曰四喜、三慶、春臺、和春。其次之則曰重慶，曰金鈺，曰嵩祝。余壬午年初至京，當遏密八音之際，未得耳聆目賞。次年春，始獲縱觀，色藝之精，爭妍奪媚。然余逢場竿木，未能一一搜奇也。丙戌入

都，寓近彼處，閒居無事，時復中之。四班名噪已久，選才自是出人頭地。即三小班中，亦各有傑出之人，擅場之技，未可以檜下目之。此外尚有集芳一部，專唱崑曲，以笙璈初集，未及排入各園。其他京腔、弋腔、西腔、秦腔，音節既異，裝束迥殊，無足取焉。表弟蘇蔚生雅有今樂之好，取自四喜以下七班，某日至某園，一月之中，周而復始，譜為小錄一編，界以烏絲之闌，裝以紅錦之裹，題其籤曰《燕臺樂部》，分日下梨園，錄而屬余為之序云：「首善繁華之地，太平歌舞之時，幾處旗亭，能謳《水調》，誰家簫鼓，不按《涼州》。既紙醉以金迷，復花交而錦錯。樓臺十二，一時卷上珠簾；裙屐三千，幾個偷來鐵笛。固已猜疑長樂，彷彿廣寒矣。爰有家居浙水，人號斜川，愛當定子之筵，屢顧周郎之曲，衫裳倜儻，襟袖溫存。每當燈酒良宵，春秋佳日，今雨舊雨，無花有花，未嘗不高倚闌干，俯臨珠玉。評量粉黛，環肥燕瘦之間；品藻冠裳，賈佞江忠之列。紅牙拍去，青眼搜來，莫不采菲無遺，存花有案。爰集都下名班，曰四喜、三慶、春臺、和春、重慶、金鈺、嵩祝，分隸七部，合匯一編。排如春水魚鱗，準遞年年之信；序似秋風雁翅，不愆月月之期。其間粉墨登場，丹青變相。銅琶鐵板，大江東高調凌雲；翠繞珠圍，小海唱低歌醉月。選聲選色，取貌取神，宜喜宜嗔，可歌可泣。於是按圖集錦，照譜徵花，看來欲遍長安，佳處爭傳日下。群仙蔟彩，大羅自有因緣；一佛拈花，下界都來供養。亦足遍邀袍澤，同聽《霓裳》也已。其他舞彩之行，尚有集芳之部，然而此曲只應天上，序班未遍人間，不隸梨園，難歸菊部。愛己同於割玉，情匪類於遺珠。至若趙北新音，秦西變調，仰天撫缶，但唱嗚嗚，匝地繁絃，惟聞艾艾，已同檜下，概比鄭聲，凡此旁搜，俱不贅列。顧或者恨擷芳玉籍，未識雛鶯乳燕之名；采豔金臺，不書董袖鄂香之事。豈知酒闌燈炧，茶熟香溫，但陳玉筍之新編，不類燕蘭之小譜。然而，三年宋玉，好色雖異於登徒；十五王昌，薄倖迥殊乎崔灝。使僅闌憑儂袖，亦知眼過煙雲；倘教釵掛臣冠，未必心同木石。而茲者寄情絲竹，用佐琴樽，聊寄娛耳之資，不敘銷魂之事云爾。」（卷三，第 124～125 頁）

《荊釵記》祭文

《荊釵記》傳奇王十朋祭江，其祭文云：「巫山一朵雲，閬苑一團雪，桃源一枝花，瑤臺一輪月。妻阿，如今是雲散雪消，花殘月缺。」按此詞亦有所本。孫季昭《示兒編》云：「北朝來祭皇太后文，楊大年捧讀，空紙無一字，

因自撰云：『惟靈巫山一朵雲，閬苑一堆雪，桃園一枝花，瑤臺一輪月，豈期雲散雪消，花殘月缺。』時仁宗深喜其敏速。」案此詞浮豔輕佻，施之君後，失體已甚，烏可為訓。錢竹汀宮詹云：「大年死於天禧四年，其時仁宗未即位也。章獻之崩，大年死已久矣。」則其為委巷不經之談無疑。（卷三，第130～131頁）

拍曲几

盧代山（岱），錢唐人，住山兒巷，抱經學士之族也。家藏葡萄藤小几一張，云是洪昉思拍曲几，其指痕猶隱隱焉。余二十年前，曾在外舅黃鐵年先生家，見《昉思度曲圖》，毛西河、高江村諸巨手俱有題詠，山舟學士為跋識數語，歸於洪氏，今不知尚存否也。昉思先生傳奇《長生殿》之外，尚有《天涯淚》《四嬋娟》《青衫濕》三種，今其稿猶存黃氏，蓋先生為文僖相國孫婿也。（卷三，第133頁）

陳眉公

陳眉公在王荊石家，遇一宦問荊石曰：「此位何人？」曰：「山人。」宦曰：「既是山人，何不到山裏去？」蓋譏其在貴人門下也。俄就席，宦出令曰：「首要鳥名，中要四書二句，末要曲一句合意。」宦首舉云：「十姊妹嫁了八哥兒，八口之家，可以無饑矣，只是二女將誰靠？」眉公曰：「畫眉兒嫁了白頭公，吾老矣，不能用也，辜負了青春年少。」合座稱賞，宦遂訂交焉。鉛山蔣苕生太史《臨川夢》院本內有《隱奸》一齣，刻意詆毀眉公，出場詩云：「妝點山林大架子，附庸風雅小名家。終南快捷方式無心走，處士虛聲盡力誇。獺祭詩書充著作，蠅營鍾鼎潤煙霞。翩然一隻雲間鶴，飛去飛來宰相衙。」亦謔而虐矣。（卷三，第137頁）

詞曲取士

相傳元人以詞曲取士，而考選舉志及典章，皆無之。或另設一門，如今考天文算學一律，特以備梨園供奉耳。惟試錄中一條云：「軍民、僧尼、道客、官儒、回回、醫匠、陰陽、寫算、門廚、典雇、未完等戶，願試者以本戶籍貫赴試。」僧道應試，已屬可笑，尼亦赴考，更怪誕矣，此不可解。（卷三，第169頁）

對月曲

趙秋舲《對月曲》內【江兒水】一支云:「自古歡須盡,從來美必收。我初三瞧你眉兒鬥。我十三窺你妝兒就。我廿三覷你龐兒瘦。都在今宵前後。何況人生,怎不西風敗柳。」初三三句,未經人道。（卷四,第 179 頁）

《西廂記》

《琵琶記》影借中郎,《荊釵記》污蔑十朋,夫人知之。至雙文之事,風流話柄,千古豔稱,然考《曠園雜志》,載唐鄭太常恆及崔夫人合葬,墓在淇水西北五十里,即古淇澳地。明成化間,淇水泛溢,土崩石出,秦給事（貫）所撰誌銘在焉。志中盛稱夫人四德咸備,則《會真》一記,特寓言八九耳。又兗州陽穀縣西北,有西門冢,大姓潘、吳二氏自言,是西門妻吳氏、妾潘氏族,見《香祖筆記》。小說所記,或亦風影其詞歟？（卷四,第 180 頁）

李袁輕薄

李笠翁十二種曲,舉世盛傳,余謂其科諢謔浪,純乎市井,風雅之氣,埽地已盡。偶閱董閬白《蓴鄉贅筆》載,笠翁之為人,性齷齪,善逢迎,常挾小妓三四人,遇貴遊子弟,便令隔簾度曲,捧觴行酒,並縱談房術,誘賺重價。蓋其人輕薄,原於天性,發為文章,無足怪也。又撰《西樓記》之袁于令,為人貪污無恥,年逾七旬,猶強作少年態,喜縱談閨闥,淫詞穢語,令人掩耳。後寓會稽,暑月忽染奇疾,口中癢甚,因自嚼其舌,片片而墮,不食不言,二十餘日,舌本俱盡而死。綺語之戒,其罰如此。夫洪稗畦《長生》一曲,卒傷采石之沈,湯玉茗文章巨公,四夢之成,特其遊戲,乃猶以《牡丹亭》口業,相傳永墮泥犁,況下此者乎？（卷四,第 210 頁）

渾不似

琵琶古名枇杷,又名鼙婆,昭君常用琵琶壞,令胡人改為之而小。昭君笑曰:「渾不似。」後訛為「胡撥四」,又訛為「虎拍思」,又訛為「琥珀思」,紛紛聚議,其實即琵琶一物也。（卷四,第 224 頁）

《長生殿》

黃六鴻者,康熙中由知縣行取給事中入京,以土物並詩稿遍送名士。至宮贊趙秋谷（執信）答以東云:「土物拜登,大稿璧謝。」黃遂銜之刺骨。乃

未幾而有國喪演劇一事，黃遂據實彈劾。仁廟取《長生殿》院本閱之，以為有心諷刺，大怒，遂罷趙職，而洪昇編管山西。京師有詩詠之，今人但傳「可憐一曲《長生殿》」二句，而不知此詩有三首也。其云：「國服雖除未滿喪，如何便入戲文場。自家原有些兒錯，莫把彈章怨老黃。」「秋谷才華迥絕儔，少年科第盡風流。可憐一曲《長生殿》，斷送功名到白頭。」「周王廟祝本輕浮，也向長生殿裏遊。抖擻香金求脫網，聚和班裏制行頭。」周王廟祝者，徐勝力編修（嘉炎），是日亦在座，對簿時賂聚和班伶人，詭稱未與，得免。徐豐頤修髯，有周道士之稱也。是獄成，而《長生殿》之曲流傳禁中，布滿天下，故朱竹垞檢討贈洪稗畦詩，有「海內詩篇洪玉父，禁中樂府柳屯田。《梧桐夜雨》聲淒絕，薏苡明珠謗偶然」（《梧桐夜雨》，元人雜劇，亦詠明皇幸蜀事。）之句，樊榭老人歎為字字典雅者也。（卷四，第 227 頁）

桂〔菊〕花新

　　蔣苕生太史《空谷香》傳奇，魯學連《移官》出內《桂〔菊〕花新》一支云：「山平水遠出桐江，柔櫓聲中過富陽。塔影認錢唐，何處是故人門巷。」敘自嚴州至省城，光景歷歷，如在目前。余久羈嶺表，夢繞家山，一再誦之，悠然神往矣。（卷五，第 231～232 頁）

西江古蹟

　　都督閻公婿《滕王閣序》，是其宿構，得王子安作，遂匿而不出，可見古人服善。意其文亦佳作也，惜稿不傳。潯陽江琵琶一曲，千古艷稱，然此婦姓名莫考。蔣苕生太史《四絃秋》傳奇以為花退紅，想亦寓言十九。余過西江作二絕云：「落霞孤鶩歎奇才，紫蓋青旗暗奪胎。可惜當年佳婿稿，不曾留付後人來。」「夜半琵琶發曼聲，青衫有客淚縱橫。空江一個商人婦，傳到而今沒姓名。」（卷六，第 312 頁）

李笠翁墓

　　笠翁晚年，卜築於杭州雲居山東麓，緣山構屋，名曰層園。卒，葬於方家峪九曜山之陽。錢唐令梁允植題其碣曰：「湖上笠翁之墓。」日久就圮，仁和趙寬夫坦命守冢人沈德昭修築之，復樹故碣，且俾為券藏於家，可謂風雅好事者矣。（卷六，第 322 頁）

燕臺小樂府

京師奢靡，甲於天下，而詐偽亦甲於天下。余嘗作燕臺小樂府五首，《梨園伶》云：「軟紅十丈春風酣，不重美女重美男。宛轉歌喉嫋金縷，美男妝成如美女。樓臺十二醉春風，過午花梢日影紅。此際香車來巷陌，此時脆管出簾櫳。簾櫳掩映嬌妝束，場屋頻頻滾絃索。須臾花枝照眼明，飛上九天歌一聲。歌聲未罷歡聲滿，就中誰得秋波轉？曲罷翩然下坐旁，猶留粉暈與脂香。憑將眉語通心語，好把歌場換酒場。酒樓攜得人如玉，自占藏春最高閣。閒泛鵝兒弄罜尊，不容鸚母窺簾幕。承顏伺色最聰明，射覆藏鉤靡不精。欲即偏離拋又近，情無情處動人情。情多不及黃金貴，幾束吳綾謀一醉。夢裏溫柔鏡里人，甘心竟為他憔悴。憔悴青衫興已闌，一鞭又跨別人鞍。試看花底秦宮活，誰念車傍范叔寒。」……《八角鼓》云：「十棒花奴罷歌舞，新聲乃有八角鼓。一木一扇一氍毹，演說亡是兼子虛。虛中生實無生有，別是人間一談藪。操成北地土風音，生就東風滑稽口。有時按曲蘇昆生，有時說書柳敬亭。有時郝隆作蠻語，有時公冶通鳥聲。有時雙盤旋空際，公孫大娘舞劍器。有時累丸擲空中，痀瘻丈人承蜩功。須臾座中響絃索，引上雛兒一雙玉。不習梨園舊譜聲，自調菊部新翻曲。曲邊人物盡風流，燕樣身材鶯樣喉。入局先輸錢買笑，當筵又費錦纏頭。眼波眉語通消息，別有溫柔描不得。巧譖新諧倍有情，穠歌豔舞都無色。由來此戲五方同，不及京師技最工。此輩亦須官樣好，馬伶無怪客嚴公。」（卷六，第 322～324 頁）

優劇

宋時大內中，許優伶以時事入科諢，作為戲笑，蓋兼以廣察輿情也。秦檜當國，和議既成，無迎還二聖意。又檜一日於朝堂假寐，誤墜其巾，都察院吳某立置曲柄荷葉託首，安於椅後，遂名曰「太師椅」。有二優因戲於上前，一人捧太師椅，安排坐位，一人盛服緩步而出，耳後帶大金鐶二，垂至前肩。一人問曰：「汝所帶是何物？」曰：「此名二勝鐶。」一人直前，將雙鐶擲諸其背，曰：「汝但坐太師交椅受用足矣。二勝之鐶，丟之腦後可也。」韓侂胄當國，恃功妄作，諸事皆矯旨行之。偶值內宴，伶人王公瑾曰：「今日之事，政如客人賣傘，不油裏面。」史彌遠當國，威福日盛，凡有夤緣者，必奔走其門。一日，伶人於上前演劇。一人扮顏夫子，喟然而歎。子貢在旁曰：「子何憂之深也？」顏子曰：「夫子之道，仰彌高，鑽彌堅，未知何日望見，是以

歟耳。」子貢曰：「子誤矣。今日之事，鑽彌堅何益，只須鑽彌遠足矣。」余謂伶人之慧心壯膽，固屬可嘉，而諸帝之側聞譎諫，如聵如聾，何也？（卷六，第 339 頁）

餞優詩

梁石癡（樞），順德人，工畫而懶於詩。所識孔生，拉往珠江花舫，則與優兒餞。優，衡陽人，依孔三載，至是言旋。或曰：「今日之酒，不可無詩，無則不許入席。」梁曰：「詩亦非難，但論工不工耳。余不工，故不作。今必欲強就，子不我工，亦不得入席。」因援筆立成四句曰：「昔自衡陽來，今返衡陽去。風送衡陽舟，目斷衡陽樹。」於是眾睯眙而俱擱筆。（卷七，第 359～360 頁）

趙秋谷

趙宮贊，本與阮亭有隙，罷職後，益修憾焉。嘗遊吳中，與吳修齡為莫逆交。一日，酒酣，語修齡曰：「爾來論詩，惟位尊年高者，斯稱巨手耳。」時宋商邱方巡撫吳門，聞是語，遂述於阮翁。阮翁寄詩云：「尚書北闕霜侵鬢，開府江南雪滿頭。誰識朱顏兩年少，王揚州與宋黃州。」語極蘊藉。（卷七，第 373 頁）

櫻桃青衣

湯玉茗《邯鄲夢》，全組織〔唐〕李泌《枕中記》而成；而豈知《枕中記》又與任蕃《夢遊錄》中櫻桃青衣一則形影相似。一曰開元，一曰天寶，不知孰相沿襲也？（卷七，第 391 頁）

奇逢

國初浙東亂時，諸暨陳氏女，年甫十八，為杭鎮撥什庫所得，鬻於銀工。逼之，堅不肯從。杭人朱膽生、尚御郭宗臣創義，釀金贖難民，知女之義，贖之。方至，忽友人某贖一童子，問之，即其夫也。翼日，贖一嫗至，乃其母也。繼又贖一嫗至，乃其姑也。有兩翁覓妻，跟蹌而至門，即其父及翁。兩家骨肉，一時完聚，遂合卺結裝而歸之。此較李笠翁《巧團圓》更奇，莫謂天下無異事也。（卷八，第 448 頁）

朱翊清

朱翊清（1786~？），字載垣，號梅叔，一作枚叔，別號紅雪山莊外史，浙江歸安（今屬湖州市）人。屢試不中，遂絕意科場，設館為生。有《埋憂集》十卷、《續集》二卷等。見《八千卷樓書目》卷十四、《（同治）湖州府志》卷十五、《（光緒）歸安縣志》卷三十二、《冷廬雜識》卷七、《（民國）烏青鎮志》卷二十九等。（續修四庫全書總目提要編纂委員會編：《續修四庫全書總目提要·子部》，上海古籍出版社 2015 年版，第 653 頁）

茲據《續修四庫全書》影印清同治十三年刻正集十卷、續集二卷本《埋憂集》輯錄。

潘生傳

偶值嚴寒，夜將半，聞窗外窸窣有聲。是時月色微明，潛起窺之，見一人披髮虯髯，面黝黑，如演《千金記》所扮楚霸王者。（卷一，第 1271 冊，第 11 頁）

疫異

後十七年，疫又作。有無病而口中噴血輒死者。相率祈鬼神，各家設香案，燃天鐙，演劇賽會，窮極瑰奇。（卷三，第 1271 冊，第 39 頁）

陶公軼事

按梁敬叔《勸誡近錄》言：……後朱文定士彥自浙江學政還朝，亦壬戌同年也，過吳門，（陶澍）公觴之，演劇。命演《雙官誥》，公為之泣下。朱曰：

「此我之失檢，忘卻雲汀家亦有碧蓮姊也。」（卷九，第 1271 冊，第 111 頁）

陸世科

余按《警心錄》：陳淳祖為賈似道之客，守正，為諸客所惡，內侍亦惡之。一日諸姬爭寵，密竊一姬鞋，藏淳祖床下，意欲並中二人也。賈入齋見之，心疑焉。夜驅此姬至齋門誘之，淳祖不應，繼以大怒。賈方知其無他，勘諸姬得其情。由是深契淳祖，後有南安軍之命。金、元院本演其事，與此正相類。（續集卷一，第 1271 冊，第 132 頁）

王濟宏

王濟宏（1791～1883），一名守毅，字懺生，河南固始（今屬信陽市）人。清道光元年（1821）舉人，會試屢不第；道光十年（1830）客武昌，十五年（1835）任商丘縣教諭，改四川知縣，調候選道。光緒五年（1879），奉旨加二品頂戴。（呂友仁主編：《中州文獻總錄》下冊，中州古籍出版社 2002 年版，第 1589 頁）

茲據清咸豐四年晉文齋刊九卷本《籜廊瑣記》輯錄。

記河神

嘉慶己卯河決武陟，秋又決蘭陽。明年春，河臣奏言：河神現，方首虵身，青黃色，盤旋堤上三日。皇上命致祭惟謹，並奉敕崇修廟宇。時余客綸署，事見邸報。居民言：往年九秋霜降，慶安瀾，演劇酬神。河臣冠帶盛服爇香楮，絳炬如樹，興拜稽首畢，從者展冊神前。虵即出座下，升几踞罋，以首示出，則搬演以樂之。神北人，雅好秦腔，崑山、弋陽等調，非其所嗜，故亦不置諸部。余有東人某云：是則然矣。然以為神，恐未遽信。予勷事河工久，實所屬目。一年尋舊例，觀者圍場。小市茶舍，鱗次盈堤，呼嘯喧呶，煩不可耐。忽嘩言河神見，則相避去，肅漸無聲，狀如河臣奏。虵踞茶座，昂首翹然，若觀劇者。曲終人散，虵亦蜿蜒去。明日亦如之，又明日亦如之，又明日不見。肆人共訝其不來，以神倦於娛樂，或移它所。既莫火，人沸騰雲，大王腐死灶下且臭矣。（卷一，第 5～6 頁）

記白虎煞

吳夫人，偶忘其郡縣，于歸卜吉。推者戒夫家云：日大貴，但法遭虎阨，

危其奈何！過此以往，無不利。吳翁謹受教。結褵之夕，召諸部排場演劇。親者至，賀者留，珠鐙絳蠟，照耀庭筵，猩罽衣地，備極華侈。新夫婦洞房朱廔紅囪，繡闥錦幔，牙床同牢。既成禮，諸眷屬躡梯降登，垂簾觀劇。力如虎者數人，繕甲兵，巡護大門外。扃戶入幃，歡如魚遊春水。忽闖門有聲，疑戚中少年作鬧，不應，久之寂然。震撼徐厲，繼以虖名。壻耐煩不堪，吻且燥，思飲甚，急慰婦安寢，袒衣靸屨，戶甫闢，虎負而逃。（卷一，第 11～12 頁）

記義妓

如皋金生遊廣陵，悅院妓黃鶯兒，情好既篤。……命移別艙，云：「姊妹輩念儂遠嫁，相見不可期，必欲餞儂行，辭不獲命，謂儂先子，故來遲。」有平頭奴擔榼，長鬚執壺，雙鬟抱琴，尊黃州女兒箱數事，賸貽紛如。鐙光漾水，素月流天，傾刻如百花仙子，珠聯而到，肆筵設席賓夫婦，餘姊妹雁行坐盈艙。酒行燭跋，或撥阮，或擫箏，或弄笛；倚洞簫，鼓笙簧，擊箜篌；或撫琴一再行，或歌柳七、秦九詞，或唱關漢卿、王實甫南北調樂府，迭奏絕藝以進。（卷二，第 4～5 頁）

記孟縣某

孟縣某，年少多力，驍勇善戰，數從李自成為先鋒。寧武關之役，率賊攻城。城甫闢，親見周將軍躍馬獨出，挺槍正擬其額。將軍赤顏長鬚，面帶黑子，勻如碁布星羅，精彩怒發，真天人也。某大驚失措，拍馬狂奔逃歸故里，數十年不敢與聞賊中消息。年逾七十，偶與戚鄰邀赴會場觀劇，道路諠演《鐵冠圖》。某固不知是何劇名，比既至，眾以某年且長，讓其當場立。立甫定，方注視間，忽見周將軍挺槍突出，正擬其額。某大叫一聲，倒地挺然。眾急扶掖，氣已絕，死矣。烏虖！某不死於真周將軍，而死於偽周將軍，安知非將軍之靈爽，實憑優人以殲此賊耶？安得天下鎮帥如將軍者數人，分布討賊，又何患賊不滅哉！（卷五，第 1 頁）

記孫庭蘭

汪錦川素與孫庭蘭交善。汪赴光州郡，應童子試。孫卒於家，汪不知也。郡試既罷歸，經岳忠武廟。吾邑每歲六月初旬，眾以忠武生日，演劇酬神，茶棚鱗次，觀場塞塗。汪買飲看劇，孫留入座款譚，相與道契闊。旋出家書一函，浼為寄歸。汪方訝其去室密邇，且從未聞有遠行消息，云胡不歸，乃為此狡獪

遊戲。時曲終人散，擁擠聲嘩，孫智不見歸，以託函置架書中，乃翁呼與問郡試事，絮叨既久，夜亦就深。明日，舉以語父。父大驚曰：「自爾赴郡後，渠早登鬼籙。爾所見毋乃是其魂耶？」急索書次，則寄函邈然，惟楮錢一紙，漫無字痕。未幾，汪亦病歿。（卷五，第13～14頁）

記李笠翁

湖上李笠翁，著有《九種曲》《笠翁一家言》《笠翁詩韻》等書行世。世傳吾鄉稻草集有李太史笠翁者，本屠人子，曉起趁市，擔肉架。官至不知避，為官所責。李慍甚，謂人曰：「官是何等人，從何得來？」或以告曰：「官乃民之父母，從讀書得來。」李曰：「讀書乃可以得官耶？官責人，人乃不敢與較耶？」或曰：「汝奈何敢與官較，與較罪益甚。」李鞅鞅歸，釋擔請父，願讀書，不願屠。父曰：「吾家世業屠，賴以生活，無讀書種子。爾屠人子，奈何讀書為？屠且餓，讀書餓且死。」李懟父曰：「父但允讀，兒甘以讀，死無愧心。」鄰有為童子師者，徒數十人，終日伊唔，聲甚鬧。李潛往詣師，跪請受業。師曰：「讀書，童子事。爾壯，不可以讀。」李答曰：「讀書童子遂不壯耶？壯遂不讀耶？師但收讀，徒願執炊。」師喜其執炊，勉留與眾讀。李初識字頗鈍，艱苦甚。才數日，一人兼數人之業。越年，他師，始學為文，多奇闢語。未幾，遊邑庠，登賢書，成進士第，皆一戰而捷。選授翰林，居詞館有年。日與官輩語，久之乃喟然曰：「始吾業屠，不知官所為，故願讀書作官。今知作官屠人業，乃更酷於屠豬。吾不可以作官。」遂引病歸，日戴笠子，與田父野老遊。聞官至，則避去，故自號笠翁。或曰：「《笠翁詩韻》乃此笠翁所輯，世以重於彼笠翁之名。厥價易售，故嫁彼笠翁名以行。」然而此笠翁遠勝於彼笠翁矣。（卷六，第11～12頁）

記書毒荊川

唐荊川先生，一代名儒，與趙蓉湖輩應隔天淵。或言：世俗所演《古玉杯》戲劇，所稱唐表伯者，即荊川也。曩閱姚平山《綱鑑挈要》載殺巡撫王忬事，細注：忬有古畫，嚴嵩索之。忬不與，易以摹本。有識畫者為辨其贗。嵩恚，誣以失誤軍機，殺之。不著識畫人姓名，是與否當亦有因。洪幼裏曰：古畫者，《清明上河圖》也。鳳洲既奠終天之恨，懷不共戴天之讎，思有以報荊川。數遣刺客刺之，志不得伸。先生善兵法，自知不免，所以為防護者亦甚備，顧好專居靜室，避家人囂。一夕夜深，明燭觀書，有客自背後握其髮，將加白刃。

先生曰：「爾勿然。我書生也，手無縛雞力，今落汝手，知復何逃！但一言相商，汝且釋我。我有遺囑，書留家人。書畢就死，惟汝所為。」其人立俟案側。先生書數字，筆頭脫落，乃以管就燭，佯為治筆管，即毒弩火熱機發，鏃貫刺客喉嚨而斃。鳳洲計無所施，後偶遇於朝房。先生曰：「不見鳳洲久，諒有所著？」答以聊撰小說一部。扣其書名，云《金瓶梅》，敘述西門慶、潘金蓮等污穢事。其時鳳洲實無所撰，姑以誑語應爾。先生喜閱褻語，是所素性，索書甚切。鳳洲歸，廣召梓工隨撰發刊，鋟版既竣，輒以毒水醮墨刷印，裝訂呈諸。荊川先生閱書甚快，而為性甚急，不盡卷不止。墨濃紙黏，猝不可揭，乃屢以手指潤口津揭書。書盡毒發，荊川遂死。世以鳳洲此書為毒死嚴東樓，不止東樓自正法死，毒死者唐荊川也。為賢者諱，故傳聞以偽。洪幼襄說此，未知果然否？抑余在商邱日，又聞古玉杯者，實溫涼盞，是宋莊敏公（纁）事，盞今尚存宋氏。（卷六，第 38～39 頁）

記李香君事

侯朝宗作《李姬傳》，既以姬置酒桃葉渡、歌琵琶詞送別等語，終之以煙波無盡。孔東塘《桃花扇》傳奇復颺之，以神仙渺茫，如罡風吹斷，而香君結果，終鮮實證據。香君有義姊方芷，嘗謂香君云：「妹歸名士，儂誓為忠臣婦。」後竟嫁楊龍友中丞。中丞以死節著，方實成之，似香君終歸侯生者。余在商邱日，曾舉以問侯石庵廣文。石庵非朝宗本支，然實侯氏的派，乃竟懵然若不知有其人與其事。石庵俗人，本不足與語。余戲譃之云：「香君雖出身青樓，但能勸侯生絕阮大鋮。暨田開府以金三百鍰欲邀一見而不能，甘攖其怒，義節識見炳然千古，為君家門戶之光，豈不遠駕司徒公？君何憒憒乃爾！」石庵一笑而已。宋江樓茂才為余言曰：香君既歸朝宗，為築城南別業居之。歿後遂葬其處。今李姬園實生莊宅地，遺址尚在。余聞說大喜，將約同人為葺墓道，種桃花數百樹護之。有知者笑曰：「是乃李姓養鬥雞處，何與香君事？宋生殆誕語耳！」夫以香君之義俠慧爽，迥出貞娘、蘇小上，而一則墓傳終古，一則結局無徵，殊增惘然。香君小像原軸在商邱陳光署（基）家，光署為朝宗壻子萬（宗石）四世孫，其人紈袴子弟，氣習既深，複雜以市井之徒。或言其筆墨亦不甚精，余是以在宋八年，未一索觀。道光乙巳膺薦後，旋里家居，曾雨蒼出香君小像索詩，余為題數絕句歸之。據雨蒼自跋云：伊舅氏竇瀛舫司馬得自潁州連氏，而連松谷先生於舊字畫鋪中購得之，實鹿大中承（佑）得自陳氏者。則又似有兩軸。按：朝宗的派子孫業已式微歸農，

此圖流傳既久，倘亦好事者以意摹之，其非香君真像無疑。

桃花扇今在睢州湯氏。方夔卿太守為余言，嘗親見之。或云在某氏家，非湯也，不知何故。蔣心餘先生樂府注云，在山東張姓家，非是。道光癸卯，商邱嚴鐵生大令月課文正書院，以桃花扇賦命題，韻限此扇，今藏商邱陳氏。崔梅溪司訓笑其大謬，並招陳小鸞孝廉（諳）為證明之，嚴始悟。余聞扇製本不甚精，名流題詠雖夥，而矜見者言人人殊，類出贗製也。（卷七，第14～15頁）

記人頭還願

麻城細民夏崇興以小貿為業，僑霍境之葉集。夫婦積勤苦，致數千金，年逾四十無子。崇興欲繼姪為嗣，婦不謂然，徧禱神祠祈子不應。帝王宮者，不知所祀神何名，相傳以為麻城劫賊，盤踞界嶺以殺富繼〔濟〕貧，為德鄉里，死而楚北人祀以為土主。婦禱神曰：「如蒙神佑，婦得生子者，雖人頭還願，亦所甘心。」明年，果生子。崇興演劇酬神，報以少牢。……神索人頭如故。或為謀曰：「爾鑿方桌為圓孔，演劇酬神，身出頭於桌孔上，以當祭品，或者足禳之矣。」婦從之，神鬧索頭益甚。（卷七，第18～19頁）

葉廷琯

葉廷琯（1792～1869），字愛棠、調生，號十如居士，別號蛻翁。江蘇吳縣（今屬蘇州市）人。廩貢生，候選訓導。弱冠才譽籍甚，錢塘陳大令文述賞之，妻以女。淡於榮進，潛浸樸學，一以考佐經史為營。又嘗甄錄同時未刻詩為《存歾二集》，凡百六十餘家。著有《楙花盦詩》四卷、《吹網錄》六卷、《鷗波漁話》六卷等。見《（同治）蘇州府志》卷八十四、《晚晴簃詩匯》卷一三三等。

茲據遼寧教育出版社 1998 年版黃永年校點六卷本《鷗陂漁話》輯錄。

《綠牡丹》傳奇

覺阿開士有《書壯悔堂集後四絕句》，其末章曰：「少日閒情悔最難，傾城名士兩相歡。傳奇爭愛《桃花扇》，誰唱溫家《綠牡丹》。」隸事頗新僻，人以《綠牡丹》出處見詢。余按，婁東陸桴亭先生《復社紀略》曰：「當天如之裒集《國表》也，湖州孫孟樸淳實司郵置，扁舟千里，往來傳送，寒暑無間。凡天如、介生遊跡所及，淳每為前導，一時有孫鋪司之目。兩越貴族子弟與素封家兒，因淳拜居張、周門下者無數，諸人執贄後亦名流自負，趾高氣揚，目無前達。烏程溫育仁，首輔體仁介弟也，心愧之，著《綠牡丹》傳奇誚之，或云：「烏程有子，亦欲執贄，拒而不許，以是致反唇。」杭俗好異，一時爭相搬演。諸門生病之，飛書二張先生求為洗刷。兩張親蒞浙，言之學臣黎元寬。元寬，南張同籍，聲氣主盟也，因禁書肆、毀刊本，桁楊書賈，究作傳主名，執育仁家人下於獄。育仁怒，族人在介生門下者，為溫以介力求解於二張先生，不許，獄竟而後歸。當是時，越中汳命社局者，爭頌兩夫子不畏彊禦；而婁江、烏程顯開大隙矣。」又張秋水《冬青館集·書綠牡丹傳

奇後》云：「此吾鄉溫氏啟釁於復社之源，書中以管色為烏有亡是之辭，其實柳五柳、車尚公、范思訶，據《復社紀略》，各有指斥，其於越人，疑亦王元趾、陳章侯一流，而吳興沈重者，以在朝則影黎媿庵、倪三蘭，在野則影張天如、楊子常、周介生輩，大致如《十錯認》《燕子箋》，亦明季文字風氣所趨。而語語譏切社長，極喜笑怒罵之致，宜媿庵當日厲禁之，要其詞藻有不能沒者。蓋相國之弟育仁暨二子儼、仉倩人為之，謝英、顧粲，直用自況，惜乎名氏湮沒，世苟有鍾醜齋，不又取以入《錄鬼簿》歟？汪謝城曰禎曰：「據李笠翁《閒情偶寄》，此劇為吳石渠所作，石渠名炳，常州人，後殉桂王之難，見《南疆逸史》，乾隆中賜諡忠節。」如以為三百年國社所關，則一莖草現丈六金身，又焉得以宋元雜劇少之。余謂此事實復社極盛將衰之機，固不待《留都防亂公揭》，群小已欲得而甘心，豈非二張先生氣矜之隆，與門弟子標榜之習，有以招之乎？桴亭先生紀此，其意蓋亦深致不滿也。」（卷四，第71～72頁）

藏書畫沽禍

書畫之癖，往往沽禍，古今皆然，亦匹夫懷璧之義。辯才《禊帖》為唐太宗所取，驚懼抑鬱而死。王忬以張擇端《清明上河圖》偽本貽嚴世蕃，致為所陷。皆可作前鑒。聞畢秋颿宮保有董北苑真蹟圖卷，要津某指名索贈，即與之無所悋，曰：「毋使後人唱《一捧雪》也。」然事亦有出意料之外者，乾隆中洞庭東山席紹葆官楚中郡守，大府聞仇寔父《六觀堂圖》立幀在席氏，欲得之。此圖仇為崑山周氏所作，名品也，太守以重值購之族人，舊有康熙時方外目存所摹副本，與仇畫無毫髮異，亦署仇名，因並購以獻之。大府本非識者，求一得二，心已懷疑，讒口遂謂皆非真本，恚而擲還，將中以危法，多方緩頰，始聽移疾歸。此求全之毀，更匪夷所思，總由書畫肇釁也。劉蓉峰丈為席太守孫壻，後兩圖皆歸於劉，余曾得寓目而聽話其事。（卷六，第126頁）

朱克敬

朱克敬（1792～1887），字香蓀，晚年失明，因號暝庵，別號浮湘客、餐霞翁，甘肅皋蘭（今屬蘭州市）人。強直任氣，好議論時事。家貧，客遊四方，援例捐官，補湖南龍山典史。後定居長沙。

一、據臺灣《筆記小說大觀》所收四卷本《暝庵雜識》、二卷本《暝庵二識》輯錄。

優人毆鬥*

嘉慶己卯，湘潭朋毆之獄，其起甚微。湘潭居交廣江湖間，商賈彙集，而江西人尤多。江西會館曰萬壽宮，歲時演劇飲宴。是歲，首士以江西優人來，登場歌舞，皆詰屈嗷碻不可聽。臺下人大笑，或以芒鞋土塊擲之，曰：「犒汝遠來！」笑者益甚，聲如潮。江西人大慚，怒且詬。湖南人強者應之，遂共爭毆，不可解。（《暝庵雜識》卷一，第 21 編，第 5419 頁）

字字雙*

咸豐時，軍務繇興，紳士多偕官長衙參。或作《字字雙》曲嘲之，曰：「花翎紅頂氣虛囂。闊老。打恭作揖認同僚。司道。鼇金軍務一包糟。胡鬧。果然有事怎開交。完了。」（《暝庵二識》卷二，第 21 編，第 5552 頁）

二、據《近代湘人筆記叢刊》所收四卷點校本《儒林瑣記》輯錄。

吳偉業*

吳偉業，字駿公，一號梅村，江蘇太倉人。少擅文學，明崇禎辛未進士，

廷試第二，授編修，時年二十三。製辭有云：「陸機詞賦，早年獨步江東；蘇軾文章，一日喧傳天下。」當時以為不媿。入本朝官國子監祭酒。偉業為詩有盛名，嘗賦《圓圓曲》有云：「太息六軍同縞素，衝冠一怒為紅顏。」又云：「不為君親來故國，卻因女子下雄關。」吳三桂病之，貽三千金請改其語，偉業不肯。（鈕玉樵《觚賸》有《圓圓傳》，載此事甚詳。）（卷一，第12～13頁）

侯方域*

侯方域，字朝宗，河南商邱人。明季諸生，父兄皆為貴官。方域負才氣，能文章，折節下士，與方以智、冒襄、陳貞慧同稱四公子。屢應鄉試不舉。入本朝，中順治辛卯副榜，旋卒，年三十七。方域文章雄邁，能達其識所至，論時事尤多切當。與寧都魏禧，皆以文雄天下，至今稱侯魏云。（卷一，第13頁）

尤侗*

尤侗，字悔庵，江蘇長洲人。才華豔逸，朝野皆知其名。世祖幸南海子，嘗一日三問尤悔庵；每讀其集，輒歎曰：「真才子！」康熙己未，詔試博學宏詞高等，授翰林院檢討。己卯，上南巡，特詔存問，御書「松鶴堂」三字賜之。（卷一，第13頁）

編者案：尤侗（1618～1704），字同人，一字展成，號悔庵、艮齋、西堂老人，江南長洲（今屬蘇州市）人。清代戲曲家，作有傳奇《鈞天樂》、雜劇《讀離騷》《弔琵琶》《桃花源》《黑白衛》《清平調》，合稱《西堂曲腋》。

趙執信*

趙執信，字伸符，山東益都人。九歲能文，稍長，窮力為詩，詩思精銳。新城王士正，以詩為天下倡，學者多宗之。士正論詩，謂當如雲中之龍，時露一鱗一爪。執信作《談龍錄》糾之，謂詩當指事切情，不宜作虛無縹緲語，使處處可移、人人可用。論者以為足救新城末派之弊。康熙十八年進士，由編修官右贊善，性峻傲，不譽假人。同館某，以詩集及土物餽贈執信，答簡云：「土儀謹領，大稿璧還。」某大恨。後數年，某官御史，會執信於國喪日演劇，某訕奏之，執信坐廢終身。（卷一，第15頁）

吳綺*

吳綺，字園次，江蘇江都人。康熙時以貢生薦授內閣中書。譜《椒山樂府》

稱旨，擢兵部員外郎。後官浙江湖州知府，忤上官罷歸。家居有園，貧不能致花木，凡乞文者，皆令以花木潤筆。不數年，薈蔚滿園，號為「種字林」。綺文才富豔，工駢體文，與陳維崧齊名。（卷一，第 17 頁）

毛先舒*

毛先舒，字稚黃，浙江仁和人。性疏曠，嘗構屋經營甫畢，將移居。會姊喪不能舉，即賣屋葬之。工詩，清妙絕俗。尤精韻學，著《韻學指歸》及《唐韻四聲表》，頗多心得。（卷一，第 18 頁）

蔣士銓*

蔣士銓，字心餘，江西鉛山人。性峭直，不苟隨時。由進士官編修，以剛介為和珅所抑。是時天子方向文學，文人宿儒，咸獲登進。士銓才名甚著，官京師八年，獨無所遇，乃告歸。久之，上問彭元瑞：「蔣士銓江西才子，今何在？」士銓感上知，因復入都。居數年，仍無所遇，以母老乞歸，教授終焉。士銓工為詩，與袁枚齊名。其詩沉苦而出，堅卓雄勁，當時名不及枚，身後學者師效轉多，至今不替。（卷二，第 32 頁）

桂馥*

桂馥，字未谷，山東曲阜人。乾隆五十五年進士，官雲南永平知縣。工篆隸，尤究心小學。著《說文義證》五十卷，輾轉推通、徵引賅博，與段氏書並行於世，治小學者以為依據。嘗病後學空疏，與歷城周永年置藉書園，藏書萬卷，貧士好學者輒藉與之。（卷二，第 40 頁）

編者案：桂馥（1736～1805），清代戲曲家，作有雜劇《續四聲猿》（一作《後四聲猿》），包括《放楊枝》《投溷中》《謁府帥》《題園壁》。

厲秀芳

厲秀芳（1794～1867），字實夫，號惕齋，儀徵（今屬揚州市）人。清道光二年（1822）舉人。道光二十三年（1843）授山東武城知縣，有政績。咸豐初乞養歸。（張撝之、沈起煒、劉德重主編：《中國歷代人名大辭典》上冊，上海古籍出版社1999年版，第360頁）

茲據臺灣《筆記小說大觀》所收二卷本《夢談隨錄》輯錄。

入學演戲*

余署中惟秋月為先慈做壽，其他概無宴會。適州中薦戲班來，既不可卻，又無從消受之，若私宴署中，甚無謂也。越日，適送新生入學，命役於明倫堂下搭戲臺，傳新生早來入學，侍學師燕。是日，余與捕廳陪兩學師坐正席，其旁兩席則新生之侍燕者也。肴饌備陳，音樂畢作，師若生歡忻無似。又為之備賞，不令破慳囊，師若生益歡甚。夕陽既下，興盡方歸。大凡創舉之事必可傳於後世而後稱快。……今者送學細故耳。吾知與於斯燕者，數十年後猶詡於人曰：「吾當年入學，曾沐某父母開筵演戲也。」豈非風流佳話乎！

（卷上，第14編，第5861頁）

演戲娛民*

每年七八月間，漕運既盡，田稼將登，必演戲酬神，兼為先慈介壽；宴同寅，欵幕賓。一年之中，侈靡一次。士民聞以為太夫人壽也，各約其鄉鎮而來稱觥。大率每村二三十人，頂戴者捧綾帳而前，老稚隨其後，登堂叩祝。一鄉復一鄉，絡繹不絕。余於公生明坊下搭戲臺，大堂下搭席蓬，須一二百席。令

城內士民，邀之入座飲酒聽戲；歡愉百狀，來者去者，舉國若狂。夕陽既下，醉飽而歸。是舉也，可謂與民同樂矣。（卷下，第 14 編，第 5893～5894 頁）

甘　熙

甘熙（1797～1852），字實荃，江蘇江寧（今南京市）人。早年入鍾山書院，師從姚鼐。清道光間進士及第，授知縣、記名知府等職。（張小莊編著：《清代筆記日記繪畫史料彙編》，榮寶齋出版社 2013 年版，第 298 頁）

兹據清光緒十六年（1890）江寧傅氏築野堂刻十卷本《白下瑣言》輯錄。

斬銚期*

丙子三月，伯淵師為高堂稱慶，燕集於冶城山館，偶演《斬銚期》一齣。其白云：「銚不負漢，漢不負銚。」全椒吳山尊學士在座，戲謂師曰：「此二語文義簡古，似漢魏人口吻。君何不採入《續古文苑》乎？」坐客皆大笑。（卷一，第 13 頁）

慶餘班*

梨園腳色，推慶餘班。嘉慶間最著名者，淨面有王老虎，年七十餘，演《刀會》《北餞》等齣，聲若洪鐘，震動堂宇。王老外蒼顏皓髮，送女交印，開眼上路，極傳神之妙。小生施二官《夜奔》一齣，生平擅絕，史事爛熟，尤為可異。周二官《荊釵》《琵琶》，酸楚動人，與金正旦稱為雙絕。丑則潘二聾子，《花鼓》《拏妖》《嫁女》詼諧入妙，不可方物。小旦蔣相公，年近五旬而上，妝豔麗如處女，尤若輩中之翹楚也。今皆物故，不禁有廣陵散之歎矣。歌伶賤技，今昔且不相及如此，何論其他！（卷二，第 6 頁）

阮大鋮宅*

大中橋西顧尚書坊旁欸鏟去，傳為嚴嵩書院。阮大鋮宅在城南庫司坊，即今小門口處，俗呼為袴子襠，蓋嫉之也。一時權奸，千古同恨，直道自在人心。（卷二，第 11 頁）

黃周星*

黃周星，字九煙，崇禎間以進士授戶部主事。甲申之變，棄家走閩中，至康熙癸亥始卒。載入郡志隱逸傳。湘潭周石帆先生，乃其裔也。癸未視學江蘇，有文童伍某，得九煙真蹟獻之，大喜。是年遂入泮。（卷三，第 6 頁）

老郎神*

淮清橋之東青溪祠，舊祀青溪小姑，南朝甚著靈驗。《輿地志》「青溪岸側有神祠」是也。隋平陳，斬張麗華、孔貴嬪於柵下。南宋時並祀之。《六朝事蹟編類》已稱祠有三婦，然今則祠額猶舊，僅小屋一楹，塑男子像，優伶祀之，名曰「老郎神」，謬妄愈失其真。按，王漁洋《分甘餘話》：秦淮青溪上有張麗華祠，作二詩以紀之。蓋國初猶存也。（卷三，第 6～7 頁）

百戲*

報恩寺陳百戲、說稗官者甚夥。道光戊子，來一江西人，手縮腹中，隱隱能動，圍棚樹竿，掛一皮。候其人坐地，一足持弓，一足取箭向上而射，有發必中，且能擲骰子，呼麼喝六，無不如意。又一丐婦，兩手軟而無骨，不能持物；凡施錢者，以足指拈貫繩上結而數之，其數不爽。昔亢倉子耳視目聽，此乃足持。（卷四，第 1 頁）

教坊司題名碑記*

舊院有教坊司題名碑記，嘉慶壬午張鏊書。有左右司樂、排長、色長諸名目。今碑徙於回光寺。張子瀾濼有詩，採入《金石題詠彙編》。（卷四，第 19 頁）

沈耀祖*

沈耀祖者，慶餘班中名正生也。素好佛，皈依鷲峰寺達宗和尚，事之惟謹。和尚化後，耀祖病，瀕死。至冥府，見閻羅王坐堂審訊，鬼卒羅列。正戰慄間，

和尚至矣。王執禮甚恭，降級迎之。和尚指之曰：「此人無重業，母老子幼可憫，請緩之，何如？」王諾，遂復蘇。其家具蔬食香楮，詣寺祭謝。逾七年，乃歿。住持如蓮言。（卷六，第 3～4 頁）

明初教坊司*

明初設教坊司，立富樂院於乾道橋，復移於武定橋等處。至今，其地猶呼曰院門口。又有十四橋，以處官妓，如南市、北市、輕煙、淡粉之類是也。夫狎邪之遊，法當厲禁，乃著為令甲，是導民也。政體之乖，莫甚於此。而靖難諸臣，妻女多入教坊。風教淪喪，至文皇而極矣。真從古未聞！（卷六，第 7 頁）

俗呼不倫*

土俗稱呼，多近非理。如「相公」，貴稱也，而加於優伶；「先生」，尊稱也，而加於卜相；「老媽」，長稱也，而使喚之嫗當之；「親家」，親稱也，而守墓之人當之。至若以僧道為「老爺」，以龜子為「大爺」，擬不於倫，尤為可笑。（卷六，第 15 頁）

《秣陵集》地名指瑕*

錢塘陳退庵文述，刻有《秣陵集》八卷，皆題詠古蹟，詩詞瑰麗，然其中事實訛誤，考正頗疏。如謂吳魯肅墓在上新河，乃沿王葑亭《金陵圖詠》之誤；以覆舟山為太平門外，倉山烏龍潭為顏魯公放生池，杏花村在城南信府河，乃沿呂太守《新修府志》之誤；……神樂觀在正陽門外，而謂在駐防城內。……明武宗幸徐霖宅，嘗釣魚失足濕衣，有浴龍池，在油坊巷，而以東水關釣魚巷當之。史墩在冶城西北小倉山側，為史癡翁故里，而以史閣部當之。皆未得其實。可見「古蹟」一門，土著人非經考訂，猶失其真，況異鄉人乎？甚矣，修志乘者之宜慎選也。（卷七，第 11 頁）

編者案：陳文述（1771～1843），原名文傑，字雋甫，號雲伯，又號退庵，錢塘（今浙江杭州）人。戲曲創作方面，曾與查揆合譜《影梅庵》傳奇一種。

史癡翁*

史癡翁詩不多傳。予藏鈔本一卷，王佩中撰序。尤以畫名，不拘家數，天機渾成，大率以韻勝。當時沈石田重之，而真者絕少。有愛姬何玉仙，號

白雲道人，聰慧解篆書及小畫，知音律，求兩京絕手琵琶張祿授以曲。癡為作詩云：「白雲仙子本良家，癡老平生好琵琶。」家在小倉山，有樓曰臥癡；其地有史墩焉。又云在望仙橋側，今居人表其閭門曰史癡翁故里，且謂橋名望仙，即翁之望玉仙云。未知孰是。先大夫得癡翁自繪《臥癡樓圖》，墨瀋淋漓，氣韻生動。上有題詞云：「臥癡樓靜悄。簞瓢巷清高。搏風弄影那鬔豪。聲名不小。懶功名，不受徵賢詔。揮金珠，曾買吳娃笑。怕貪婪，不入虎狼巢。老先生見了。　　南州後裔。東海根基。少年不肯事輕肥。待埋蹤隱跡。怕勞神，不學拏雲藝。為怡情，博得搏風計。怕功名，畢罷上天梯。老先生見機。　　無炎寒故知。有道義山妻。臥癡樓上足幽棲。樂窮通靜里。怕紅塵，常把衡門閉。遠青雲，便把功名棄。喜光風，懶把是非提。老先生悟矣。　　曲木草屋。粗布衣服。年年依樣畫葫蘆。伴高陽酒徒。閉著口不開言，惟恐傷世務。寒著耳不聞聲，祇怕添心怒。撞著楲不解纜，那個似堯夫。老先生感古。正德改元春日書〔畫〕，並書逸情【醉太平】四首。」此又稿中所未載者也。[1]（卷八，第3～4頁）

編者案：〔1〕謝伯陽編《全明散曲》（齊魯書社1994年版）未收此四支【醉太平】。

建廟演劇*

城中多土堆。舊王府、城門旁，高而且久，國初時已然矣。篾街之堆，乾隆四十九年回祿後所致。驍騎營，則嘉慶甲子挑秦淮河所出渣土。張府園、武學園、七家灣等處，皆嘉慶丁丑濬運瀆，積而成者也。至道光戊申、己酉間，忽有人將驍騎營土堆挑去其半，建善司廟於其地，香火極盛，演劇竟無虛日。士女祈禱，舉國若狂。此豈神之果靈異哉，抑好事者所為耳！（卷八，第29頁）

高繼珩

　　高繼珩（1797～1865），字寄泉，河北遷安人，寄籍天津寶坻。清嘉慶二十三年（1818）舉人，授樂城教諭，移大名。咸豐四年（1854）以軍功保薦知縣，擢廣東博茂場鹽課大使。曾被大名知府陶樑（一作梁）聘為天雄書院主講，並裹校《畿輔詩傳》。

　　《蜨階外史》四卷，《續編》二卷。茲據大達圖書供應社 1934 年版標校本《正續蜨階外史》輯錄；正編分卷據臺灣《筆記小說大觀》所收四卷本《蜨階外史》。

檻中人

　　孫孟孚，邳州人，官雲南雲龍州刺史，喜音律，善技擊。……（劍俠）遂盡授其技。暇則教之度曲，分渺合度，崑山老梨園無以逾也。（卷二，第 31 頁）

義伶

　　伶小香字蝶仙，隸梨園三慶部，演《借雲》一折，豪情俠氣，擅名京師。嘗過其曹某甲寓，見教新買歌童，夏楚慘毒。香惻然婉諫。甲曰：「此購以京蚨千二百緡，如見憐，請將去；何事囂囂見責耶？」香憤然，即以原價購童歸，錦衣鮮食，所以慰藉之者良殷；然微窺童意似甚抑鬱，固詰之，始泫然曰：「蒙師教育恩至厚！然儂名宦裔，鬻身賤役，辱及先人，是以悲耳。」香細詰家世，曰：「兒江左巨族，姜姓，曾王父某以大司寇起家，累代簪纓。及某之身，父母早逝，庶祖母不安其室，為惡少誘去，輾轉掠賣，遂及此。聞

舅氏沈小梅，供職內閣，未識能相見否？」香詢內閣，果有所謂沈舍人者。邀之來，與童晤，抱頭雨泣。香即屬沈攜童去。沈曰：「我官京朝貧如洗，原值一時不能歸，祇好陸續以償耳！」香曰：「我亦好人家兒女，今世墮落，願修來生。請攜童去，貲可無計也。」沈終不肯，書券付香。香焚之，曰：「我已收卻矣。」送甥舅同車返。此咸豐壬子年事也。林廬劉石房大令鎮岡，為予道其事，並賦《義伶行》一篇。予謂香之所為，有古俠士風，今世豈多覯乎？因志之以廣其傳，並錄其詩云：「蝶栩栩，仙飄飄，伶兮乃有人中豪！人中豪，美冠玉，委身梨園工度曲。度曲羞作女郎聲，曾貌常山趙順平。忠肝義膽當場見，銀鎧花槍相映明。一曲未終齊道好，聲動京華諸大老。樓頭含笑催賜金，金錢散落知多少。得錢羞學守財奴，誓向人寰作豪舉。聞道同曹買紅兒，中堂絲竹教歌舞。弱質筵前半字訛，老伶座上笞如雨。伶兮瞥見呼傖楚，如此相煎何太苦。婉言勸諫手頻揮，反脣稽處兩心遠。傾囊一怒贖身券，錦車載得紅兒歸。歸來覆以黃金屋，沆瀣為餐芰荷服。雅歌日聘老宿傳，豔曲宵傳弱弟讀。殷勤教育寬且柔，底事渠儂不解愁？金縷新聲笑強索，銀釭背立淚先流。知有牢騷在胸臆，再四批根費研詰。千呼萬喚不成聲，一語未宣雙袖濕。上言莫報師恩渥，下言深愧家聲辱。家聲大被冠閨門，先代秋曹八座尊。簪笏數傳少陵替，生不逢辰失怙恃。彼婦之口挾予走，宛轉慘遭念秧手。若非菊部遇吾師，弱質已填溝壑久。輒聞有舅沈中書，內廷食俸清且腴。可憐咫尺天涯隔，焉能拔我出泥塗？伶也聞言心骨哀，驅車速得休文來。渭陽乍見交相泣，鮫珠雙瀉如瓊瑰。手贈明珠還合浦，六十萬錢擲如土。出門一笑送君行，從此相逢任爾汝。我聞此語疑未真，芒鞋逼踏長安塵。聞德堂中（香寓名）訪義士，皎如藐姑射仙人。坐久試叩三生石，茫然恍惚昧前因。細翻書笈見一紙，感恩密寫珍珠字。下鈐沈姓小梅章，此事乃得窮根柢。君不見諸公袞袞紆青紫，揮塵高譚剖名理。故人偶遇任昉兒，誰肯一救涸魚死？乃知古稱烈丈夫，指困焚券何途無？噫嘻，伶也其仙乎？噫嘻，伶也其仙乎！」（續編·第94～95頁）

朱茂才

朱茂才（淦），大興相國文正公裔，體甚肥，群呼為朱九胖子。一生愛著方頭靴，雖長衫藍縷，不著鞋也。門蔭既高，都中年家世誼極多，某官住某街某巷第幾門，悉知之。而性愛優伶，四大部中名伶，皆所屬意。某伶某

日在某園演某劇，爛熟胸中。貧無纏頭，伶上車，尾其後，至園看某劇後，又易一園。伶卸裝，又尾車送至寓，始歸。每日如之。看戲園人咸識之，不索其坐資也。伶之以事累者，必為婉轉解釋，故一時有護花鈴之目。友人戲作一聯生挽之云：「似跟兔，似長班，花譜搢紳，斷送一朝新掌故。作秀才，作和尚（其小名也），襴衫布帶，空餘兩隻大頭靴。」額云：「塊然物化。」亦可笑也。（續編，第107頁）

徐錫齡等

徐錫齡，字厚卿，江蘇崑山（今屬蘇州市）周莊鎮人，約當嘉慶、道光時在世。筮仕河南，卒於逆旅。

茲據清嘉慶二十三年刻十六卷本《熙朝新語》輯錄。

《三溪記》傳奇*

吳縣黃端木向堅，父孔昭作宰滇中，姚江道梗不得歸。向堅於順治八年十二月徒步出門，涉歷艱險，周徧於猺獞之地，跰足藜面，至白鹽井始遇二親。以十年六月歸里，承歡二十年。父母歿，負土營葬。不再期得疾以殉。世稱完孝。好事者為譜《三溪記》傳奇。至今世多演之。（卷一，第 15 頁）

柯丹邱務考訂*

金壇王虛舟澍，精金石考訂之學。錢香樹先生見於京邸，左圖右史，積帖充棟，昕夕丹鉛，辨析不少置。戲曰：「子欲為張仲楊、柯丹邱其人耶？」澍曰：「人各有癖，樂此不疲也。」（卷三，第 8 頁）

尤侗*

長洲尤西堂侗，明季諸生，我朝以選拔授永平府推官，以事免。少時有聲庠序，所作駢儷各種，膾炙人口。嘗以《西廂》詞句題作文，流聞禁中。世祖知為徐立齋元文師，因取觀之，歎曰：「真才子。」及召試，官翰林，偕諸儒進平蜀詩文。上見其名，曰：「此老名士。」西堂以此六字刻堂柱，左曰章皇天語，右曰今上玉音，極文人之榮。（卷三，第 10 頁）

洪昇問詩法*

洪昉思昇問詩法於施愚山閏章。施曰：「余師言詩如華嚴樓閣，彈指即現。又如五城十二樓，縹緲俱在天際。餘則譬作室者，瓴甓木石一一俱就，平地築起。」洪曰：「此禪宗頓漸義也。」（卷四，第 12 頁）

洪昇詩才*

洪昉思昇為王貞女作《金環曲》云：「王家有女字秀文，少小綽約蘭惠芬。項郎名族學詩禮，金鐶為聘結婚姻。十餘年來人事變，富兒那必婦貧賤。一朝別字豪貴家，三日悲啼淚如霰。手摘金鐶自吞食，將死未死救不得。柔腸九曲斷還續，臥地祗存微氣息。詎料國工賜靈藥，吐出金鐶定魂魄。至性由來動彼蒼，一夜銀河駕烏鵲。嗟哉此女貞且賢，項郎對之悲復憐。朝來笑倚鏡臺立，代繫金鐶雲鬢邊。」此種詩足以維持風化，何必藉《長生殿》以傳耶？（卷五，第 9 頁）

《瓊華夢》傳奇*

龍中允爕作《瓊華夢》傳奇，盛行於時。一日，置酒招王阮亭輩觀之。阮亭酒酣賦詩，有「自招檀痕親顧曲，江東誰似阿龍超」之句。蔣靜山仁錫和云：「玉崑崙碎為檀超。」阮亭歡絕。（卷七，第 23 頁）

禁演戲*

雍正六年三月，安徽巡撫魏廷珍言，鄉民違例演戲，應嚴禁。奉旨：「州縣郵堡之間，借演戲為名，斂錢耗費，招呼朋類，開設賭場，種種不法。此則地方有司所當嚴禁者。至於有力之家，祀神酬願，歡慶之會，歌詠太平，在民間有必不容已之情在。國法無一概禁止之理。今但稱違例，而未分晰原由，則是凡屬演戲皆為犯法，國家無此科條也。朕立法皆準情理至當，其有不便而難行者，則奉行之不善也。」（卷八，第 12 頁）

演沈宋故事*

乾隆九年，重修翰林院落成。十月二十七日，聖駕臨幸，送兩掌院大學士入署。御書匾額二，曰稽古論思，曰集賢清秘。賜宴賦詩，以唐張說《麗正書院》詩「東壁圖書府」五律四十字為韻。御製東字、音字韻，敕諸臣各分一字。是日，與宴者一百六十餘人。燕次，中和清樂奏玉署延英之曲，令伶人演唐沈

佺期、宋之問昆明賦詩故事,更仿柏梁體聯句。(卷十一,第 1 頁)

李調元*

綿州李雨邨調元,乾隆癸未進士,改庶吉士。至丙戌春,同年崇慶何希顏明禮計偕入都。抵寓甫一日,即夢見李端坐堂上,然燭翻書,書中所載隱約皆官爵姓氏,煌煌大書,旁若有神護持之者。意此中秘書非人間有也。已而李散館,改吏部主事,始悟何夢中所見乃銓部官冊耳。(卷十二,第 7~8 頁)

董 鱗

董鱗，原名惟，字懋修，號竺雲、西溪山人，浙江慈谿（今屬寧波市）人。清嘉慶間在世，寓居虎丘，詳悉蘇州女樂聲藝。曾佐幕江西九江。與改琦、錢杜、陳基、陸鳳藻等為友。工詩文詞，善畫海棠。（李峰、湯鈺林編著：《蘇州歷代人物大辭典》，上海辭書出版社 2016 年版，第 911 頁）

茲據上海書店 1991 年版《香豔叢書》所收一卷本《吳門畫舫錄》輯錄。

楊玉娟*

楊玉娟，小字自馥，居虎嘯橋，流寓金陵鈔庫街。俊逸明慧，修眉橫波。甲子秋，琴仙、娛谷、鏡卿偕試白門，遇姬於秦淮水榭，與鏡卿邂逅目成焉。翌日，同人集王韻秋水榭。韻秋名桂，故為琴仙昵，圓曆清矑，肌膚玉雪，亦秦淮翹楚。席間以玉娟詢述目成狀，韻秋笑目鏡卿曰：「若是，儂則當為瘦腰人急療饑渴。」乃以油壁迎之來，瓊席甫即，眉語旋通，射覆飛觴，靈心激注。觴政值生浼度曲，姬為歌明人傳奇《占花魁》一闋。酒闌，同人慫恿生送之歸。（第 17 集，第 174 頁）

陳桐香*

陳桐香，字璧月，行三，浙之姚江人。微眺含睇，蛾眉連蜷，裙下雙趺，尤為罕儷。工演劇，非昆非弋，俗謂「花鼓戲」者是。浙東瀕海邑，厥風甚盛。時值木綿脫樹，採擷盈野，以戲進者日集，姬獨不屑為。往來吳越間，所識多豪門右族，貴戚公子。或買舟向村落，居人斂錢演劇，士女如雲，負販駢集。陸博蹴球之徒，以及游手無常業者，往往藉姬以食。姬可謂超乎流

輩矣。（第 17 集，第 175 頁）

沈素琴*

沈素琴，居城內麗娃鄉。淡妝素服，不事鉛華，粗識字，喜誦唐人詩句，對客無寒溫語，惟借扇頭書約略讀之，可以想其風趣矣。有某生僑寓金閶，與姬交綦密，席間歌玉茗傳奇《折柳》一闋，生以事傷薄倖止之。姬曰：「君誠多情，然小玉齎恨無窮，正使人人鑒此情癡，則死將不朽。且彼自薄命，於十郎何尤？」生默然無以應。嗟乎！紫玉誰憐，黃衫何處？姬殆古之傷心人與！

（第 17 集，第 179 頁）

簡中生

簡中生，又號攬雲居士。清嘉慶間在世，與宋翔鳳為友。

茲據上海書店 1991 年版《香豔叢書》所收三卷本《吳門畫舫續錄》輯錄。

潘素貞*

潘素貞，字慧卿，常熟人，今居上塘丁家巷。……元遺山句云：「海棠一枝春一國。」可移贈也。聞姬豪於飲，工崑曲。（內編）（第 17 集，第 191 頁）

徐小娥*

徐小娥，行大，居前家橋邊，素琴之猶女也。……（小娥）幼讀書，通字義，崑曲能聯淨、旦於數闋，各極其妙。（內編）（第 17 集，第 194 頁）

周小蓮*

周小蓮，行七，居通貴橋下塘。才具深刻，靈機明敏，性好潔雅，善修飾。崑曲精妙，不自炫露，而同時姊妹咸愛而畏之，容人之度，或尚有所不足歟？（內編）（第 17 集，第 194 頁）

王鳳齡*

王鳳齡，字岫雲，行大，居葑門內望信橋。玉肌溫潤，黛眉聯娟。棋習桃花泉，曲本《嘯餘舊譜》。（內編）（第 17 集，第 196 頁）

王芷香*

王芷香，名馥林，居永福橋。……芷香能唱大淨、老生諸闊口。飲興頗豪，

故桃葉臨波，移船相近者，幾於如火如荼矣。（內編）（第 17 集，第 201 頁）

戈鏡珠*

戈鏡珠，字二娥，居楊庵浜。肩削腰纖，玲瓏熨貼，而聰明精巧，天賦獨偏。精於琵琶，為杜氏之後第一手。登場演劇，幾於攝魄追魂。（外編）（第 17 集，第 210～211 頁）

孔蓉仙*

孔蓉仙，行二，居眾安術，琴香之妹也。……幼讀書，能通字義。崑曲與姊相伯仲，有穿雲裂石音。（外編）（第 17 集，第 213 頁）

孔似蘭*

孔似蘭，行四，居水潭頭，與文香、香雪為姊妹行，近今之前輩也。閱歷既深，涵養兼到。而崑曲之妙，又與默琴、漱英輩相抗，雖老梨園不能過也。（外編）（第 17 集，第 214 頁）

周新官*

周新官，字筱玉，住丁家巷，與潘慧卿對門居。……崑曲得自然之趣，無矜持狀。琵琶亦瀏亮，第恐冶遊中知音者稀耳。（外編）（第 17 集，第 214 頁）

宴用崑曲之變*

未開燕時，先唱崑曲一二齣，合以絲竹鼓板，五音和協，豪邁者令人吐氣揚眉，淒婉者亦足魂銷魄蕩。其始也好整以暇，其繼也中曲徘徊，其終也江上峰青、江心月白，固已盡乎技矣。知音者或於酒闌時傾慕再三，必請反而後和。客有善歌者，或亦善繼其聲，不失其為雅會。今則略唱崑曲，隨繼以【馬頭調】【倒扳槳】諸小曲，且以此為格外殷勤，醉客斷不能少，聽者亦每樂而忘反。雖繁絃急管，靡靡動人，而風斯下矣。（紀事）（第 17 集，第 224 頁）

小娃唱崑曲*

崑曲講四聲，出口收音，靡不留意，而闊口甚難得。以余所聞，崔秀英、程默琴、史文香、孔蓉仙最善，此外頗屬寥寥。豈見聞未廣與？昨泊虎邱，見鄰船載小娃約八九齡，唱《牡丹亭》「冥判」全出，神色不亂，豈俗所謂童音

耶？惜未詳其里居姓氏。（紀事）（第 17 集，第 227 頁）

崑曲宜重本文*

　　古云絲不如竹，竹不如肉，以其近之也。又云取來歌裏唱，勝向笛中吹。顧吳門近日諸伶工教崑曲，往往取效太速，不講本文自然之義。涵虛子論曲所最忌者。高低輕重，添減太過，即為淫蕩之聲，徒能亂人耳目。所貴若遊雲之飛太虛，上下無礙，使人聽之，可以消釋煩悶，和悅性情，通暢血氣。若衹以行腔取勝，恐日趨油滑耳。年來小調漸行，硜硜論崑曲者，或竊笑為河漢也。（紀事）（第 17 集，第 228 頁）

鄭澍若

鄭澍若（1801～1865），字醒愚，號玉纏，福建玉田（今建甌市）人。鄭方坤孫。主要活動時間在清嘉慶朝，生平事蹟不詳。編有《虞初續志》十二卷。

茲據《續修四庫全書》所收十二卷本《虞初續志》輯錄。

喬復生王再來二姬合傳（李漁）

喬、王二姬生前無名，皆呼曰姊。喬晉人，即名晉姊；王蘭州人，即名蘭姊。既曰無名，則何以有復生、再來之號？曰：死後追憶，不忍叱其小字，故為是稱，一則冀其復生，一則喜其再來，皆不忍死之之詞，猶宋玉之作《招魂》，明知魂不可招，招以自鳴其哀耳。

歲丙午，予自都門入秦，赴賈大中丞膠侯、劉大中丞擢薇、張大將軍飛熊三君子之招，道經平陽，為觀察范公字正者少留，以舒喘息。時止挾姬一人，姬患無侶。有二妁聞風而至謂：「有喬姓女子，年甫十三，父母求售者素矣。盍往觀之？」予曰：「旅囊羞澀，焉得三斛圓珠？」辭之弗獲。適太守程公質夫過予，見二妁在旁，訊曰：「納如君乎？」予曰否，其〔具〕以實告。太守曰：「無難，當為致之。」旋出金如干，授二妁。少遲，則其人至矣。雖非殊色，亦覺稍異凡姿。蓋純任本質，而未事丹鉛者。此女出自貧家，不解聲律為何事，以北方鮮音樂、優孟衣冠，即富室大家，猶不數見，矧細民乎！是日有二三知己，攜鐏相過，命伶工奏予所撰新詞，名《鳳求凰》。此詩脫稿未數月，不知何以浪傳，遂至三千里外也。許姬垂簾竊視，予以聾瞽目之。非惟曲詞莫解，亦且賓白難辨。以吳越男子之言，投秦晉婦人之耳，何異越裳之入中國；焉得譯者在旁，逐字為之翻譯乎！次日詰之，曰：「昨夜之觀樂

乎？」對曰：「樂。」予謂：「能解斯可樂，解乎？」對曰：「解。」予莫之信，謂：「果能解，試以劇中情事，一一為我道之。」渠即自顛至末，詳述一過，纖毫弗遺。且若有味乎言之，詞終而無倦色。予始異焉，再詢：「詞義則能明矣。曲中之味，亦能咀嚼否邪？」對曰：「有是音，有是容，二者不可偏廢。容過目即逝矣；曲之餘響，至今猶在耳中。是何以故，莫能自解？」予更異之，然信其初言，而終疑其後說，謂聲音道微，豈淺人能辨，必飾詞耳。乃彼自觀場以後，歌興勃然，每至無人之地，輒作天籟自鳴。見人即止，恐貽笑也。未幾，則情不自禁，人前亦難捫舌矣，謂予曰：「歌非難事，但苦不得其傳，使得一人指南，則場上之音，不足效也。」予笑曰：「難矣哉！未習詞曲，先正語言。汝方音不改，其何能曲？」對曰：「是不難，請以半月為期，盡改前音，而合主人之口。如其不然，請計字行罰。」予大悅。隨行婢僕皆南人，眾音嘈嘈，我方病若楚咻，彼則恃為齊人之傳，果如期而盡改，儼然一吳儂矣。事之不期然而然者，往往不一而足。此時，身已入秦，秦俗質樸，焉得授歌之人。適有一金閶老優，年七十許，舊肅王府供奉人也。僕主無歸，流落此地，因招致焉。始授一曲，名【一江風】。師先自度使聽，復生低徊久之。謂予曰：「此曲似經過耳，聽之如遇故人。可怪也！」予曰：「汝來〔未〕嘗多聽曲，焉得故人而遇之？」復生追憶良久，悟曰：「是已是已，前所觀《凰求鳳》劇中呂哉生初訪許姬，且行且唱者，即是曲也。」予不覺目瞠口吃，奇奇不已。謂師曰：「此異人也，當善導之。」於是師歌亦歌，師闋亦闋，如是者三。復生曰：「此後不煩師導矣。」竟自歌之。師大駭，謂予曰：「此天上人也！予曲授三十年，閱徒多矣，數十遍而微知大意者，慧人也。中人以下之資，數百遍尚難釋口，不待痛懲切責，未能合拍。乃今若此，果天授非人力也。」斯言近實而未驗，乃不三日而愚智判然矣。因當日隨來舊姬，與之同學均一曲也；人一能之己百之，猶不免於痛懲切責。以是知師言不謬，而此女洵非人間物也。由是日就月將，無生不熟。數旬以後，師謂：「青出於藍，我當師汝矣。」客有求聽者，以罣罥隔之，無不食肉忘味。復生曰：「樂必塤篪互奏，鳥必鸞鳳齊鳴，始能悅耳。茲以一人度曲，無倚洞簫和之者，無乃岑寂太甚乎？」予知此言為絳灌而發，以同堂共學者之非其倫也。

　　未至蘭州，地主知予有登徒之好，有先購其人以待者。到即受之，不止再來一人，而再來其翹楚也。始至之日，即授以歌，向以師為師，而今則以復生師之矣。復生之奇再來，猶師之奇復生，贊不去口，而且樂形於色。謂：「而

今而後，我始得為偕凰之鳳，合墳之簴矣。請以若為生而我充旦，其餘腳色則有諸姊妹在。此後主人撰曲，勿使諸優浪傳，秘之門內可也。」時諸姬數人，亦皆勇於從事，予有不能自主之勢，聽其欲為而已。歲時伏臘，月夕花晨，與予夫婦及兒女誕日，即一觴二簋，亦必奏樂於前。賓之嘉者、友之韻者、親戚鄉鄰之不甚迂者，亦未嘗秘不使觀。如金陵之方邵村侍御、何省齋太史、周櫟園憲副，武陵之顧且庵直指、沈喬瞻文學，皆熟諳宮商，殫心詞學，所稱當代周郎也，莫不以小鸞、樊素目之，他可知已。予於自撰新詞之外，復取當時舊曲，化陳為新，俾場上規模，瞿然一變。初改之時，微授以意，不數言而輒了。朝脫稿，暮登場，其舞態歌容，能使當日神情活現。氍毹之上，如《明珠》「煎茶」、《琵琶》「剔髮」諸劇，人皆謂曠代奇觀。復生未讀書而解歌詠，嘗作五七言絕句，不能終篇，必倩予續，是即妖折之征。性柔而善下，未嘗以聰慧驕人。再來之柔更甚，嘗以嘻笑答怒罵，毆之亦不報，有婁師德之風焉。聲容較之復生，雖避一舍，然不宜婦而宜男，立女伴中，似無足取，易妝換服，即令人改觀，與美少年無異。予愛其風致，即不登場，亦使角巾相對，執麈尾而伴清譚。不知者，目為歌姬，實予之韻友也。予數年以來，遊燕適楚之秦之晉之閩，泛江之左右，浙之東西，諸姬悉為從者，未嘗一日去身，而能候予之饑飽寒燠，不使須臾失調者，則二人之力居多。

壬子冬，復生誕一女，以不善攝生致病，然素善諱疾，不使人知。其意無他，以予終歲浪遊於外，知其疾，必阻之，恐作失群之鳥，不獲偕行故耳。癸丑適楚，客於漢陽，病漸加而容不減，非惟不治藥餌，仍望以絲竹養生，因所耽在是，非此不足陶性情也。越夏徂秋，稍有倦色，予始知而藥之，奈世無良醫；一二至者，皆同射覆，非曰寒，即曰瘧，即曰中暑，總無辨其為瘵者。病劇半載，從未戀榻，惟臨終數日，始僵臥不起，前此皆力疾而行，仍施膏沐。同儕訊以故，答曰：「非不欲臥，恐以不起愁主人，徒擾文思，無益於病者。」時予方輯《一家言》之初集，未竟故也。言畢，即令焚香祝天，謂：「予得侍才人，死可無憾。但惜未能偕老，願以來生續之。」又以此語囑同輩，令勿使予知。諸姬中，惟與再來最密，臨歿以女授之，屬其撫育。凡人之死，未有不改形易貌，或出譫語。渠自抱痾至終，無一誕妄之詞，訣語亦無微不悉。死時面目，較生前覺好，含斂之物，悉經手檢目視，倩人盥櫛畢，乃終。予方慟悼不已，諸姬復以前言告。予益撫棺慟哭，不忍獨生。

甲寅入都中，諸姬不與，惟再來及黃姓者二人相俱。再來居常安好，從予

七年，不識參蓍芝術為何味。忽於舟中得疾，天癸不至，腹漸膨然，謬以為娠。蓋素望誕兒，凡客贈纏頭，人皆隨得隨用，彼獨藏之，欲待生兒制襁褓。至是，誤以可憂為可喜，如是者屢月，病不稍減。而經忽至焉，始知從前見食而嘔者，病也，非孕也。始則認憂為喜，今則轉喜成憂矣。又以向受復生託孤之命，詎意母亡未幾，女亦旋歿，未免負託九原，時時抱痛，皆致疾之由也。予未出門時，諸姬中有一善妒者，好與人角，予怒而遣之。再來不解予意，謬謂一遣百遣。乃向內子及諸妾曰：「生臥李家床，死葬李家土。此頭可斷，此身不可去也。」內子故設疑詞難之曰：「主人老矣，不若乘此芳年，早求得所之為愈。」再來曰：「主人老而主母之中盡有艾者。諸艾可守，予獨不能安於室乎？」諸妾又曰：「我輩皆有子，汝或不生，後將奚恃？」對曰：「主母恃諸郎君，予請恃其所恃。」內子及諸妾聞之，無不沾沾泣下。有一人而三男者，嘉其賢淑，欲以幼子予之。再來曰：「姑緩數年，如果不育，請踐斯語。」其性之貞烈若此。臨逝，執予手曰：「良緣遂止此乎？」時欲泣無聲，且無淚矣。二姬之年，皆終於十九。再來少復生一歲，亦死後一年。

噫，予何人哉？嘗試捫心自揣，我無司馬相如、白樂天、蘇東坡之才，石季倫之富，李密、張建封之威權，而此二姬者，則去文君、樊素、朝雲、綠珠、雪兒、關盼盼不遠，是為何故？且造物既予之矣，胡復奪之？予是則奪非，奪是則予非，必居一於此矣。且予又有惑焉，婦人所尚者二：貌與年也。予貌若何？無論安仁、叔寶，不敢與之比衡；即偕王粲、左思並立，猶自覺形穢。至與古人序齒，即赴耆英、真率二會，猶居上座，矧諸少年場乎？若是，則此二人者，宜求為覆水之不暇，奈何反作堅冰不解，自甘碎裂於盆盎中邪？或曰：「推其本念，究竟出於憐才。」夫才之有無多寡，姑置弗論。即曰有之，亦惟有才者斯能憐才。彼非多識字、善讀書之人，知才為何物而憐之乎？此千古難明之事，茲惟傳其行略，以示不忘而已矣。若謂二姬應為我得，人皆有目，吾將誰欺？

張壺陽曰：情緣奇合，古今不少概見。笠翁以肉帛之年，得尤物於秦晉之陬，以之充後陳，容或有之；使之講聲律，不惟地非其產，亦自用違其才。何期鳳根湊合，如此之奇也？得此娛老是鄉，且慮有丁諷之憂，乃竟雙雙避舉，其愛良人也甚宜。不然，世豈無孫秀、韓希〔熙〕載其人，側目以待？但媿我無賈至、楊公南之福，不及見元載、瑤英耳！

佟碧枚曰：昔人謂《相如傳》殆其自作。太史公愛其文詞，不忍去，因為刪拾成篇，入之《史記》。笠翁之文詞，及一種深情逸致，真不減相如。異日有太史公出，必將採而著之，二姬可以不朽。視世之豔冶自命而僅享瞬息之榮者，其所得大小厚薄，為何如也！

毛稺黃曰：孫仲謀語周郎，喬公二女雖流離，得吾二人為壻，亦足為歡。今喬、王二姬得笠翁之文以傳，雖天亦快，且使其後笠翁而死，則何從得此？然則其不壽也，乃其所以為大壽也歟！（卷五，第 1783 冊，第 484～488 頁）

毛子傳（施閏章）

毛甡，蕭山人也。初名奇齡，字大可，一字齊于，曰：吾淳于髠也。少與兄萬並知名，人呼小毛子。負才任達，善詩歌、樂府、填詞；與人坦然無所忤。……間效元人作小詞雜曲以自娛。仇者摘其語以為謗誹，謀訐而殺之；既而按驗無實，得不坐。甡自以為無罪，雖數瀕死，無所害，益復不簡備。……甡所為，率託之美人香草，以寫其騷激之意，纏綿綺麗。小詞雜曲，亦復縱橫跌宕，按節而歌，使人淒悅。（卷六，第 1783 冊，第 494～495 頁）

徐靈胎先生傳（袁枚）

乾隆二十五年，文華殿大學士蔣文恪公患病，天子訪海內名醫，大司寇秦公首薦吳江徐靈胎。天子召入都，命視蔣公疾。先生奏疾不可治。上嘉其樸誠，欲留在京師效力。先生乞歸田里，上許之。後二十年，上以中貴人有疾，再召入都。先生已七十九歲，自知衰矣，未必生還，乃率其子爔載楄柎以行，果至都三日而卒。天子惋惜之，賜帑金，命爔扶櫬以歸。嗚呼！先生以吳下一諸生，兩蒙聖天子蒲輪之征，巡撫司道到門速駕，聞者皆驚且羨，以為希世之榮。余，舊史官也，與先生有撫塵之好，急思採其奇方異術，奮筆書之，以垂醫鑒而活蒼生，倉猝不可得。今秋訪爔於吳江，得其《自述》《紀略》，又訪諸吳人之能道先生者，為之立傳。傳曰：先生名大椿，字靈胎，晚自號洄溪老人。家本望族。祖釚，康熙十八年鴻詞科翰林，纂修《明史》。先生生有異稟，聽強過人。凡星經、地志、九官〔宮〕、音律，以至舞刀奪槊、勾卒、嬴越之法，靡不宣究，而尤長於醫。……先生長身廣額，音聲如鐘，白鬚偉然，一望而知為奇男子。少時留心經濟之學，於東南水利尤所洞悉。……先生隱於洄溪，矮屋百椽。有畫眉泉，小橋流水，松竹鋪紛。登樓

則太湖奇峰，鱗羅布列，如兒孫拱侍狀。先生嘯傲其間，人望之疑真人之在
天際也。……先生好古，不喜時文，與余平素意合，故採其《嘲學究》俳歌
一曲，載《詩話》中以警世云。（卷九，第 1783 冊，第 533～535 頁）

秦淮聞見錄（雪樵居士）

明季柳敬亭、蘇昆生俱流寓金陵，往來諸姬院曲，出入公卿座間，其豪
情俠氣卓絕一時。國初諸老亦多題贈。《板橋雜記》《桃花扇》傳奇詳其顛末。
尤悔庵《看雲草堂集》中贈蘇昆生二絕云：「三十年前大將牙，張燈劍舞發
〔撥〕箏琶。相逢蕭寺驚憔悴，紅豆江南正落花。」「九江標〔漂〕泊九華歸，
楚尾吳頭舊夢非。莫向樽前歌水調，山川滿目淚沾衣。」

……

袁韞玉《西樓記》初成，就正於馮猶龍。覽畢，置案頭，不致〔置〕可
否。袁悵然而別。……馮曰：「吾固料子之必至也。詞曲俱佳，尚少一齣。今
已為增入，乃《錯夢》也。」袁不勝折服。今尤膾炙人口。事載《堅瓠集》[1]。
按：西樓舊址在秦淮河武定橋下。自許公香岩修葺後，又經易主。若非法菊
流傳，亦安有過而問者。（卷十二，第 1783 冊，第 583，589 頁）

編者案：〔1〕此則見〔清〕褚人獲《堅瓠續集》卷二，本編已收，故節略。

彭邦鼎

彭邦鼎，字配堂，晚號摶沙拙老，江西南昌人。幼苦學，長居京師，得與卿士交往，併入仕途。清嘉慶間，為佟郡伯幕賓，贅樊副將家。工書善詞賦，曉崑山音律。道光間仍在世。(《閒處光陰》許頌鼎序、清同治七年（1868）刻本《恩施縣志》卷九)

茲據臺灣《筆記小說大觀》所收二卷本《閒處光陰》輯錄。

齋戒不准演戲*

《會典》載：凡大祀、中祀，太常寺先二日具本奏聞。次日進銅人，銅人高一尺五寸，手執牙笏，敬書致齋幾日。文武百官沐浴更衣，聽誓畢，即各於本衙門宿歇。齋戒事例，不理刑名，不燕會，不聽樂，不入內寢，不問疾，不弔喪，不飲酒，不食蔥韭薤蒜，不祭神，不掃墓。每出入，則佩齋戒牌。……前在湖北閱邸鈔，見有條陳齋戒，不准茶園演戲者。茶園演戲，自是民間事。惜未將各官不集於署，應佩牌而不佩牌，一併言之。(卷上，第 14 編，第 6412 頁)

重裘觀劇*

天時不正，無過粵西者。乙酉上元，余在桂林。有友招觀劇，侵晨重裘往。早餐後，衣不三兩，刻輒一易。申刻入席，脫帽露頂，至有僅著一衫者。甫夜又逐漸而增。三鼓散歸，仍重裘矣。故彼間諺曰：急脫急著，勝如吃藥。(卷上，第 14 編，第 6421 頁)

劇錢三貫*

《鐵圍山叢談》一則云：太祖征李筠時，賜王皇后詔曰：「今七夕節在近，錢三貫，與娘娘作劇錢。……」稱娘娘者，昭憲杜太后也。天子進奉母后，錢裁三貫。嘗見富貴家博堂上歡，恒十倍不止也。若校其誠懇，則恐不能人人皆如宋太祖。（卷上，第 14 編，第 6438 頁）

楊繼業*

宋雲州觀察使楊業，戲文中名之曰楊繼業。人皆鄙笑之。按：《遼史・聖宗紀》及《耶律斜軫傳》俱作楊繼業。（卷上，第 14 編，第 6452 頁）

襆頭雉尾*

戲場扮綠林之豪，冠襆頭，插雉尾。按：襆頭、雉尾，乃前明公、侯、伯、駙馬都尉之章服也。（卷下，第 14 編，第 6505 頁）

管世灝

　　管世灝，字爾書，號月楣，浙江海寧人。清嘉慶、道光時在世。孤傲不諧於俗，《杭郡詩續輯》記他曾遊燕臺。嘉慶五年（1800），館於桐城汪氏之耕雲草堂。明年，成《影談》一書。（鄧長風：《明清戲曲家考略》，上海古籍出版社 1994年版，第 538 頁）

　　民國十一年排印本《海寧州志稿》著錄《影談》為八卷，未見。茲據臺灣《筆記小說大觀》所收四卷本輯錄。

詩醫

　　「為問陰陽鬪戲女」……蓋弋陽腔班所演《陰陽鬪》有一桃花女。（卷二，第 2 編，第 548 頁）

陳秋槎

　　急呼家人破壁視之，則有羊皮人男女各一，迭置壁中，衣履絢以五采，始信託姓命名之義，遂瘞之。其怪亦絕。第不知皮人屬何作用，且不解影庵之義。後至浙，夜泊村口，聞村人相呼看影戲，陳亦隨往。人叢中楤紙熒然，花腔鼓擊，尺影登場，絕類家中所見者，於是始悟其所由來，而影庵之義亦詳焉。

　　柳衣氏曰：郵亭旅館，燈炧更殘，得一影庵，可消岑寂，不更愈於形影相對乎？秋槎必欲窮其跡而除之，是何心哉！（卷三，第 2 編，第 587 頁）

魏生

　　會遇春暖，與友人散步郊外，雲晴風軟，野芳滿目，幾忘路之遠近，一徑

緣溪西出，望之新綠酣濃，尤覺雅趣。以未諳路徑，未敢遽入。正趑趄間，忽聞金鼓聲自遠而至，遂迎風而往。幾里許，見人家一簇，演唱春臺劇，人叢稠密。生不勝挨擠，退出看場。（卷三，第 2 編，第 592 頁）

許汶瀾

許汶瀾（1803～1853後），字東瀛，號秋垞、綠筠居士，浙江海寧人。祖父許嘉猷，曾任沛縣知縣。清道光三年（1823）應院試，補州學庠生。次年州試，列二等。咸豐癸丑（1853）恩貢。（《徐順盦老人自述年譜》、民國十一年《海寧州志稿》卷十六）

茲據臺灣《筆記小說大觀》所收二卷本《聞見異辭》輯錄。

塑神鎮鬼

江南寶蘇局後樓，有朱櫬以鐵練懸樑間，相傳春秋時吳太宰嚭之女。至今越數千年，棺仍不朽，斯亦奇矣！陰雨之夕，每見樓窗雙開，有女子倚窗俯視，神情飛越，顧盼自如，甚至中房時時現形，習以為常。一夕，局內工人與梨園子弟賭膽，示以黑夜上樓，靜坐一宵，誓送青蚨三十貫。淨曰敢，即於是夕扮作單刀赴宴模樣，一個赤面綠袍，一個黑臉持刀而立。候至三四更，西北角倏走出一女郎，蹀躞步到二人前，有下拜之象。赤面淨示云：「將來勿許再到此間。」鬼領之而退。樓上因塑漢壽亭侯以鎮壓，從此斂跡，不敢復在中樓梳裹矣。

不信梨園幻術多，竟將漏網補閻羅。煙花隊裏餘魑魅，願借神通去伏魔。

（卷一，第1編，第1899頁）

一錢致富

貿易數年，竟大富。於是挈眷往河南謁岳，見雕牆峻宇，華麗非凡。外父母欣然延入，一望丰采，脫盡風雪窮途之概矣。時以唱戲設筵相款，盤桓匝月辭歸。（卷一，第1編，第1925頁）

月下現鬼

余在沛署年餘，一夜月明如畫，嫗婢無事，群集樓下，演貂蟬拜月以為戲。正喧嚷間，倏見門內步出一黑衣嫗，曲背跎腰，狀甚醜陋，以縐紗包頭垂下兩角，窸窣過窗前徑去，至西北角而滅。陰風凜凜，月亦慘淡無光。婢等心甚悸。自此以後，雖遇三五良宵，冰輪皎潔，不敢再演《連環記》矣。

月光如水潑空庭，妖豔偏宜酒半醒。我是司空渾見慣，蛇神牛鬼總忘形。

（卷二，第 1 編，第 1939 頁）

捫虱新談

吳門有蘇氏蘭姑，貌既娉婷，性又聰慧。一日偕諸姊妹環集廳事觀劇。青衣一群，繞若圍屏。蘭姑有幼弟古香，戲捉一虱，私置蘭姑髮際，虱盤旋鴉鬢。眾姊妹嬉笑不止。蘭姑不解其意，但覺梨花白臉忽泛桃紅。表兄吳生玉成亦在坐，乃趨近身前，捉虱捫之。……（蘭姑）私謂吳生曰：「妹昔觀優獻醜，賴表兄捫虱而談，旁若無人。」

爭傳菊部唱陽春，妝出金雕玉琢身。卻愛當年王景略，高談捫虱若無人。

（卷二，第 1 編，第 1943 頁）

集四書題點戲

江南諸生某新中解元，門前演劇，尚未開場。有友步入書齋，見桌上紅紙一張，排寫四書題十二行：一、前以士，後以大夫；二、以左右望而罔市利；三、適蔡；四、魯之削也滋甚；五、后稷教民稼穡；六、予與爾言；七、子貢反；八、陳良；九、王在靈囿；十、激而行之，可使在山；十一、女子之嫁也，母命之；十二、二嫂使治朕棲。友詰其故。答曰：此即點戲之題目也。士升大夫是「加官」；左右罔利是「招財」；《琵琶記》牛小姐配蔡伯喈，適蔡是「請郎」「花燭」；《三國志》魯肅討荊州，甚削色。魯之削也句，是「刀會」；后稷教民句，是「勸農」；予與爾言，是「陽告」；子貢返，是「賜環」；《牡丹亭》杜麗娘先生係陳最良，陳良是「學堂」；王在靈囿，是「遊園」；激行兩句，是「水漫」；女子之嫁也二句，是「見娘」；二嫂句，是「戲叔」。友曰：「足下詩賦鹿鳴，心傾鳳管。點戲猶不脫書卷氣，宜其弁冕群英也。」

莫向春風再振翰，宦場久作戲場看。梨園子弟多高貴，袍笏分明要做官。

（卷二，第 1 編，第 1946 頁）

姚燮等

　　姚燮（1805～1864），字梅伯，號復莊、野橋、大梅山民、疏影詞史等，浙江鎮海（今屬寧波市）人。清道光甲午（十四年，1848）舉人。詩骨雄健，文筆清新，尤精繪事。阮元以姜夔（白石）比其詞、王晃（煮石）擬其畫，因贈號「二石生」。姚燮生具異稟，五歲能賦《鐙花詩》。稍長，讀書十行並下，自經史百家以逮道藏釋典，靡不周覽。公車北上，都中士大夫及海內名輩爭相延納，交日益廣，才日益肆，著述日益多，若《復莊詩問》《駢體文榷》《疏影樓詞》《疏影樓續詞》《玉樞經鑰》《胡氏禹貢校補》《蛟川詩系》《詞學標準》《今樂考證》等。戲曲創作方面，作有傳奇《梅心雪》《退紅衫》等。見《兩浙輶軒續錄》卷三十五、《晚晴簃詩匯》卷一三七等。

　　一、據上海書店 1991 年版《香艷叢書》所收三卷本《十洲春語》輯錄。

王素琴*

　　王素琴，名四喜。丰姿顋領而有楚楚之致，與桂珠、巧林、繡鳳同寓萬壽寺街蔣園。嘗月下同友人訪之，姬斂息坐隅，鮮與留睞。席上歌《借扇》《見娘》二折，出腔收韻，繩尺魏家。余歎曰：「此音律中之魯靈光也。」詢之，知其少本吳產，聲音之理，多受吳之名師，故與尋常擦坐者迥異。向住上塘丁巷，浮香閣為其舊鄰。（卷下，第 15 集，第 222 頁）

楊阿翠*

　　楊阿翠，杭州人，依其姊雙喜同寓後市。年十二，豐儀圓滿，膚潔瞳清。能歌《賞荷》《諫父》《佳期》諸劇，發吭惟亮，轉調能紆，殊有雛鳳聲清之

譽。（卷下，第 15 集，第 223 頁）

正音漸歇*

數年以來，如雙珠之崑腔、潤寶之絃索，並有盛名，今已成廣陵散矣。
（卷下，第 15 集，第 223 頁）

陳梅卿*

陳梅卿，本吳產，初名雲卿，同居金縷室。貌中人，舉止曠達，異醲酕兒
女子態。喜抗聲為遏雲響，《冥勘》《北餞》，尤所擅長。弱管嫩絲，不能輔其
氣也。高筵坐對，得壯酒膽。（卷下，第 15 集，第 224 頁）

王潤卿*

《折柳》《絮閣》《賞荷》《刺虎》《掃花》《獨佔》《喬醋》諸曲，皆潤卿
所善歌。於《佳期》《思凡》二劇，尤工搬演。嘗偕靈蕤館主過玉立詞龕，撇
笛為姬理舊曲，宛轉更番，徹曉不倦。興至則喬裝揮麈，俯仰磬折，摹寫曲
情，鈿側鬟傾，鞋鬆襟脫，汗浹喘促，嬌不自勝。旋復默坐依依，若顰若怨。
（卷下，第 15 集，第 227 頁）

二、據浙江古籍出版社 2014 年版《浙江文叢》整理本《姚燮集》輯錄。

湘文小傳

雪香本時姓，無錫產也。道光三、四年間，江東患水，居民無以存活。其
家鬻於某姓為婢。某本籍中人，攜至上海，教以琵琶歌曲。年十四，始入籍。
初名素娟，字湘文，咸以素官呼之；今改名素貞，雪香，其近字也。居數年，
某復攜至吳門，住上塘浮香閣內。今年六月，遇三交門客姚生。生固豪士，負
才遊俠。姬平時惝悄，少有駐金鞍共年芳者，於生若將傾委焉。生為余友，余
因生得見姬。姬儀體疏靜，寡於言笑，與之同處，繡幃羅幕，如此寂閒。雖當
揚音遞酌之間，皓齒依唇為縱止，膩肌搭紗以掩映，若自矜其玉質，不輕於呈
露者。幼時學曲，遂有偏好，乞師多授《牡丹亭》本，每於賓席之上，唱至「如
花美眷，似水流年」，輒邑邑不能作聲。嘗與生言流蘋身世，忽入帳中，許時
不出。蓋不欲以傷容示生也。生感其有劬愛之隱，為作《某心雪傳奇》以永其
好。《某心雪》者，生字楳伯，用以證楳雪之因也。今生倩續真者續姬小象，

屬余作傳，坿其卷云。道光丁酉七月七日之夕。定海厲志心甫。

余讀侯方域《李香傳》，慨然念香以髫稚之年，識侯生於行旅中，委身事之，無復異志。未幾生以避難去，不復返。後人讀是傳者，往往有遺憾焉。予友鎮海姚某伯氏，豪士也。客吳門，嘗過曲院，遇時姬而悅之。時姬者，字湘文，無錫人，父母以歲歉粥其女為婢，初不知粥者之為樂籍也。稍長，教之度曲絃索，令見客。姬業已無如何，遂出見客，恒自矜重，不輕言笑。年二十矣，乃遇姚生。姬得生，自以為得所屬矣。既度生匪，不能脫己籍，又以生客也，終不能為己留，意恒鬱鬱，恐傷生意，不令生知其隱。生感其情，為作《某心雪傳奇》，以廣其意。瀕行，又倩善畫者貌姬於某樹間，命之曰《倚某圖》，蓋謂己雖去而心未嘗去姬也。是事蓋始於丁酉春三月，而圖成於秋八月，於時姚生猶未行焉。余以為美人才士遇合之奇，古來傳者比比，無足甚異，獨異夫生與姬，非若方域之李香，有不得已而去者。苟執是心，歷久不爽，異日鈿閣文窗，永焉相守，固亦意中事耳。乃於未別之先，慮夫既別之不可復聚。姚生行矣，將何以處姬，吾不能無疑於某伯云。元和楊韞華記。

以上二文，從《浮香閣本事》寫出。（天一閣藏張宗祥謄清抄本《梅心雪傳奇》）（第 2124～2125 頁）[1]

編者案：[1]《梅心雪》，莊一拂編著《古典戲曲存目彙考》（上海古籍出版社1982 年版）作《梅沁雪》。

陸長春

陸長春（1810～1865？），字向榮，號辮香、簫士，浙江烏程（今屬湖州市）人。清道光二十四年（1844）副榜貢生。因舉業不順，教授里門。《兩浙輶軒續錄》卷三十九載其事。

茲據臺灣《筆記小說大觀》所收二卷本《香飲樓賓談》輯錄。

沙三爺

沙自此豪舉，家資立罄。後數歲，貧不能堪，至賣小食以自給。善唱俚鄙小曲，兒童予三錢買一油具，必令歌《剪剪花》《夜夜遊》之類，以為笑樂。而人猶稱之為沙三爺云。（卷二，第 2 編，第 6135 頁）

顧學士【黃鶯兒】詞

卞雅堂光祿守常州。門下士顧耕石學士元熙時為館客，嫌官廚酒殽惡劣，作【黃鶯兒】詞譏之，曰：「蹄子小多毛。秤梗鰻，著膩燒。海參倔強蹄筋跳。魚蝦壽夭。雞鵝壽高。冬春米飯黃而糙。最難熬。新菊水酒，故意滿臺澆。」光祿見之大笑。海參以下二十二字，自後傳餐時，光祿親自臨視，見有不堪適口者，必詞責庖丁，令易精品焉。（卷二，第 2 編，第 6137 頁）

逃走唐明皇

吳江周某，喜唱崑曲，日與優伶相狎，遂習串戲。父惡其淪於下賤，屢加撲責，嚴禁之而終不悛。人問其串戲有何樂。周曰：「吾儕小人，不能紆青紫，若串戲時，時為卿相，時為帝王，旗旄導前，從卒擁後。人以為戲，我以為真。

其樂何可支也。」一日，城外演劇。周潛入班中，扮唐明皇，演《長生殿》。甫登場，瞥見其父在臺前觀劇，窘極無計，不及解冠帶，從臺上一躍，疾趨而避。觀者數千人，不知其由，皆大嘩，索領班者毆之幾斃。周自後，人俱以逃走唐明皇呼之，而不敢再登劇場矣。（卷二，第 2 編，第 6140 頁）

河神

　　嘉興杜麟判某，需次揚州，奉委解河工餉，至淮上。……某欲觀其異，攝衣冠從之。昇至河神廟，焚香設牲醴，供奉甚虔。官民皆再拜，即命梨園演劇。蛇於座上翹首而觀，俯而飲，至暮不去，笙歌達旦。（卷二，第 2 編，第 6171 頁）

徐氏二女

　　海寧陳相國，精舉業，兼善星學。……（松陵）徐夫婦悲戀欲死，訟於官，捕盜甚急。盜恐為女累，輾轉買〔賣〕於揚州，為女伶。適（陳）公與夫人南旋，過揚。當道燕公，陳菊部。女不解演劇，令侑觴。夫人於簾內觀之，怪其貌似妹。……為脫樂籍。（卷二，第 2 編，第 6172～6173 頁）

福　格

　　福格（1796～1867後），原姓馮，字申之，漢軍鑲黃旗人。清乾隆間大學士英廉曾孫，曾於咸豐年間任廣東惠州通判、山東莒州知州。著有《聽雨叢談》十二卷。見《聽雨叢談》《（道光）大荔縣志》等。

　　茲據中華書局1984年版十二卷點校本《聽雨叢談》輯錄。

嚴石溪事

　　余麤疏性成，於細事不甚留意，每有出入銀帛，多原封不啟，亦從無平色低昂之誤。偶閱《居易錄》載：如皋嚴怡，字石溪，家貧，行誼亢潔。嘗館於富室。歲暮將歸，主人設筵祖道，以優伶侑觴。酒闌，主人出兼金為壽，且云，先生試一權之。怡大怒，曰：「君乃以我為商賈乎！」立散之優伶，拂袖而去云云。余閱至此，不覺失笑。（卷八，第174頁）

許奉恩

許奉恩（1816～1878），字叔平，號蘭苕館主人，安徽桐城人。科舉久不售，以幕僚終老。（李靈年、楊忠主編：《清人別集總目》上卷，安徽教育出版社 2000 年版，第 603 頁）

茲據《續修四庫全書》所收清光緒間抱芳閣藏十卷本《里乘》輯錄。

金錢李二

翌日，張樂設席，水陸雜陳，梨園甚精，奢侈過於王侯。如是者六日，公子頗覺厭倦，李已窺其意，便命停樂。……明日日晡，設祖帳於虹園，使夜月清歌送行。夜月唱《會真記》「長亭餞別」一闋，深情綿邈，淚隨聲迸。（卷六，第 1270 冊，第 302～303 頁）

金聖歎

吾宗聖歎先生，絕世聰明，過目成誦。然放誕不羈，視青紫如兒戲，入泮未幾，旋以六等被黜。第二年，仍以冠軍獲雋，如是者非一度矣。既而，學使者法公海歲試蘇郡。先生信筆直揮，頃刻脫稿，即以呈公。公展閱，見文體詭異、佶倔聱牙，微哂曰：「好秀才，姑退。」先生揖而進曰：「稟問大宗師，生員出署回寓道中，設遇美婦人，觀者是乎？不觀者是乎？」公亦不怒，徐應曰：「一看，君子；再看，小人。」先生又揖曰：「謹奉教。」乃昂然出，意中以為必又列六等也。明日，公坐堂上，獨判先生為四等，即日發落，將重施夏楚。廣文以其名士，為之緩頰，公弗許。士子數十人亦同聲籲請，公愈怒，立召先生至。先生始懼，惶悚伏地，眾亦知其不免。公一見，

顏色忽霽，命左右曳起，曰：「余在京師，慕子名久矣。昨見奇構，誠知天才，然國家名器，豈宜玩弄？牢騷之氣，君子貴有以養之。子能痛改前轍，余之願也。余豈真忍以子殿多士耶？」因於袖中出全榜，而弁冕實先生名。於是先生感悔，伏地大哭曰：「士得一知己，可以不恨。某雖不敏，請事斯語矣！」自此，公遂與先生為莫逆交。後數歲，先生以哭廟被收，棄市之日，作家信託獄卒寄妻子。臨刑，大呼曰：「殺頭，至痛也！滅族，至慘也！聖歎無意得此，嗚呼哀哉！然而快哉！」遂引頸受戮。獄卒以信呈官，官疑其必有謗語，啟緘視之，上書曰：「字付大兒看，鹽菜與黃豆同吃，大有胡桃滋味。此法一傳，我無遺憾矣！」官大笑曰：「金先生死且侮人。」（卷九，第 1270 冊，第 381～382 頁）

中州某生

蜀俗：春日鄉村報賽，類精選梨園演《三國》《水滸》《西遊》等小說，全部累月，笙歌不絕，士女雲集，舉國若狂。生嘗於劇場見一女郎，⋯⋯每日演劇，必預使僕偵探。（卷十，第 1270 冊，第 398 頁）

薛時雨

薛時雨（1818～1885），字慰農，又字澍生、澍仁，號桑根老人，安徽全椒（今屬滁州市）人。清咸豐三年（1853）進士，累官杭州知府。罷官後，曾執教江寧尊經書院、惜陰書院。所著《白門新柳記》曾被禁毀。《清朝續文獻通考》「經籍十八‧小說家」著錄有此書，題許豫撰；《香豔叢書》十八集亦收有此書，題作「海陽許豫養和編」。相關書目亦從之。《中國古代小說總目‧文言卷》謂：「玉魷生謂此書作者為海陽許豫（養和），實誤。」《中國書名釋義大辭典》謂：「此書諸家著錄作者為許豫，乃薛時雨託名。」（《三借廬筆談》卷九「白門新柳」；石昌渝主編：《中國古代小說總目‧文言卷》，山西教育出版社 2004 年版，第 5 頁；趙傳仁、鮑延毅、葛增福主編：《中國書名釋義大辭典》，山東友誼出版社 2007 年版，第 315 頁）

茲據新文豐 1989 年版《叢書集成續編》所收一卷本《白門新柳記》輯錄。

蘅香

蘅香，廣陵人。舉止瀟灑，落落有大家風。愛作淡妝，無抹脂郭袖之習。工度崑曲，意氣豪宕，高響遏雲。（第 212 冊，第 215 頁）

小瀛仙

小瀛仙，廣陵人。顏色如海棠經雨，豔冶絕倫，而眉宇間時露英氣。……瀛仙則抑揚宛轉，極穿雲裂石之勝，每度曲時，坐中謹譁頓息，屏氣凝神，潛心領略，惟恐其曲之終。在局外者，亦不禁喝采。又能串《思凡》《佳期》等戲，紅氍毹上，應弦赴節，真不啻嫋嫋垂楊，搖曳於曉風殘月時也。（第

212 冊，第 215 頁）

小玉紅

小玉紅，六合人，轉徙維揚，年十三至金陵。……歌喉酷似小瀛仙，唱《仙圓》一闋，沈爽滑烈，動盪心魄，清商徐引，傾其儕輩。（第 212 冊，第 216 頁）

岫雲

岫雲，一名秀芸，興化人，幼隨母居仙女廟，己巳春來金陵。年十六，姿態嫵媚，秀外慧中。善歌舞，豪於飲。……海上客善度崑曲，每偕岫雲更唱迭和，色授眉與，旁觀亦豔羨之。（第 212 冊，第 216 頁）

巧珠

巧珠便嬛伶俐，嬌穉可憐，唱崑腔、小調，無不入拍，每姊妹合串雜劇，群歎為雙絕。（第 212 冊，第 217 頁）

大寶齡

大寶齡，廣陵人。面目開闊，氣象崢嶸，一洗青樓冶蕩之習。舊在廣陵演劇，扮大花面，聲若洪鐘，《紅樓夢》中之葵官也。來金陵遂不演劇。（第 212 冊，第 219 頁）

王嘉楨

王嘉楨（？～1887），字周卿，吳興人。清同治丁卯年（1867）應試京師，未售。後屢試不第，肆力於經世之學，既而任職於吳地。與平湖孫蘭谷、江夏甘克寬為友。（《在野邇言》孫蘭谷序）

茲據清光緒甲午年（1894）重刊八卷本《在野邇言》輯錄。

論金聖歎

金聖歎之事，他書述之甚詳。說者每因事而貶其人，並因人而廢其言，殊非正論也。予聞聖歎之將生也，聞夫子歎息而生，故以是為名。及其將遘難也，夢見先人謂：不出門庭則吉。厥明，治物以祭，既畢。時順治十八年，章皇帝遺詔至吳，官吏詣公所開讀。友生邀與共聽，以所夢辭不克。既出，途中洶洶然，欲迫撫院去吳縣任。令弗許，群擁至開讀公所，又於文廟鳴鼓慟哭。撫院何人？實吳國治也。事已，吳以驚先帝駕為詞。時方三藩未定，朝廷聞變，如其議，悉棄市。欲舉為首者，惟聖歎為聞人，遂罹大辟。臨危，其子往視之。聖歎曰：「蓮子心中苦，梨兒腹內酸。」蓋深自恨無妄之災也。

野狐氏曰：肆志遂結怨於世俗，不務經義，聖人亦惜之。至其評論，才子之文，亦可謂文人之極筆。古來狂放如金者，代不乏人，而竟以不得其終，並其文而斥之。成敗之見，非所以持公論也，可慨也夫！（卷之二，第5～6頁）

蒲留仙孫

嘉慶年間，蘭卿伯父視學山左，按臨濟郡。見有淄川文童蒲姓，年三十餘，其曾祖名松齡，知為留仙先生曾孫。閱其文，亦僅平妥，遂以縣學入泮。

及參謁時，見其人孤寒特甚，大加勉勵。欣感而去。（卷之五，第9頁）

繩妓玉兒

予與汪冶亭遊，往往以氣節相砥礪。嘗與之縱談酒樓，謂古今來臨大節而不可奪者，史冊相望，各伸其志。有玉兒者，里巷女子也。無姆教，未嘗讀《列女傳》，執賤業而獨能於危迫之際從容蹈死，而名教綱常賴以不墜，士大夫羞之，其人亦足傳矣。因傳之曰：

宣廟中，京師人物輻輳，百貨充牣，鬻技者闐集街市。有繩妓玉兒，年十四五，色藝雙絕，每當綺陌春暖，廣場草平，兩竿對植，竿首各有孔，貫彩索十餘丈，橫亙如虹，高出簷際。玉兒斂手而登，凌波微步，且前且卻，極婀娜欹側之態。少焉，往來騰踔，若履平地，驚鴻遊龍，莫可方喻。俄而，躡空顛墜，則以雙鉤勾索，擲身倒懸。復翹一足，體擺蕩如流蘇。久之，纖腰反折，挍其頸，昂首出胯下，如環無端；驀翻身，則仍一足立索上，合掌效南海童子膜拜。已乃翩然下，旁及舞刀杖、角抵諸戲，靡不精妙。竟，神色自若，低鬟颭袖，嫣然一嬌女子，弱不勝衣。觀者駢肩累趾，駭目醉心。公孫之舞劍器，談娘之人壓場圓，殆無以過。由是名噪一時，公卿燕會爭致之。雖縛綵登場，豔妝糾酒，而雅自矜重，不屑與區區群婢伍。慕色者思一親薌澤，啗以重金，不顧也。某相國第六子涎其美，必欲得之。凡珠玉紈綺之屬可以博玉兒歡者，畀鉅萬計。顧稍稍狎近，輒面頳避去。入以遊詞，則俯其首，淚瑩瑩承睫，旁觀咸訝之。察其父母，固親生而極鍾愛者。公子貌故寢，性尤佻蕩，以玉兒之落落難合也，愈欲得之。乃使左右諷其家人，許位出諸姬上；更為置田宅，若姻婭往還不禁。父母既動於利，且畏公子勢，乘間商之。女靦然曰：「耶娘不欲兒活耶？」反覆諭以利害，掉頭不答，退而哭泣終夜，目盡腫。公子知之，亦無如何。然或演技，招之即赴，未嘗一梗親命。轉喉車子之歌，反腰靜婉之舞，見者輒為之魂失也。一旦，公子呼其父母來，盛氣謂之曰：「唉！若靳此錢樹子何為者？若女老不嫁則已，嫁則疇不知吾所愛，孰敢蹈死近禁臠，若何為者？」父母不得已，乃潛謀醉之酒，俾遂公子意。翌日，公子大張筵，召賓客。玉兒隨父母入府奏技。酒半，庭中累方几五，母升顛，仰臥張兩股，足承小梯。女弛外服，著退紅窄袖襖，趫捷緣梯上，蜿蜒升降，如蟻穿九曲珠，備極奇險。梯岌岌動欲墜，座客皆起立，舌撟神悚，目不少瞬。公子憐之，招手使下。玉兒忽踞梯顛，大聲曰：「諸貴人，幸聽兒一言。兒所以含垢蒙恥習此

賤役，為養親計。公子非兒耦，徒倚勢凌逼人，至生我者忍徇奸謀，欲強劫兒身。兒何生為？」言訖，淚交頤墮。自脫簪珥、纏臂金，鏗然擲階石，突袖出匕首刺喉，躍空倒墜。眾號呼奔救，則已橫屍庭下，血污狼籍，面如生，目炯炯猶視。齊太息泣下，交口唾罵其父母，逐之出都。都人士聞玉兒死狀，莫不歎且息。公子嗒焉喪魂數月，不敢出門。初，公子有妹，與玉兒稔。嘗戒其兄曰：「玉兒豔如桃李、冷若冰霜，妹私叩其志，堅不可奪。兄顧以風塵畜之，失奇女子矣！」弗聽。至是撫屍哭之慟，一病幾不起。

野狐氏曰：「妾是庶人，不樂宋王」，《列女傳》載韓節婦詩也。玉兒一弱女子，託業污且賤，使稍依違則已；見金夫不有躬矣，乃守貞不字，矢死靡他，謂非污泥中青蓮乎？昔歐陽公撰《五代史》，以王凝妻斷臂旅舍，與馮道傳相綴屬，明鬚眉之不巾幗若。而紈綺公子，亦遜閨閣之能觀人於微，豈真天地靈秀之氣，獨鍾於婦人乎？語云：「醴泉無源，芝草無根。」吾於玉兒事益信。（此則於光緒丁亥七月中旬被《淞隱漫錄》竊刻。男紹翌謹志。）（卷之六，第1～4頁）

范介春

王夢樓先生風流儒雅，以一甲第二人及第。時有名優范介春者，演小生戲，姿態絕世，慕先生書，以粉箋乞為揮毫。明日即書就，署款「介春年兄」，而自稱「年弟」。范不敢受，蓋恐有誤也。先生曰：「汝作王十朋、蔡伯喈，皆歷科狀元也。非「年」而何？」聞者捧腹。（卷之六，第20～21頁）

演劇賀喪

某公任封疆，尚刻深以聞名。吏盡切齒。及歸田，務瘠人肥己，鄉里亦恨之。嘗築園囿，其下有冢，勒限遷葬，遇期悉平之。道路以目。及卒，城中築臺演劇，具衣冠以賀。粵東人馳書來告。（卷之七，第19頁）

獨逸窩退士

獨逸窩退士，晚清江南人。弱冠多病，故所學多未深造。性喜瀏覽說部，上自虞初稗官所志，下逮里巷野老所傳，莫不搜討寓目，寢饋弗忘。《笑笑錄》自序云：「余弱冠時善病……壬子、乙卯間兩次大病……壯歲以來，獨於此未之或廢……忽忽卅年。」序末署光緒五年（1879）。據此，作者約生於清嘉慶二十五年（1820）。

茲據《續修四庫全書》所收六卷本《笑笑錄》輯錄。

浣溪沙孔子

宰相孔緯嘗拜官，伶人往賀求利市。有石野豬獨先到。厚賜之，謂曰：「宅中甚闕，不得厚致。若見諸野豬，幸勿言也。」復為一伶至，乃索其笛，指竅間問：「何者是浣溪沙孔子？」伶大笑之。（《諧笑錄》）（卷一，第 1273 冊，第 600 頁）

甜采

頃有秉政者深被眷倚，言事無不從。一日御宴，教坊雜劇為小商，自稱趙姓，負以瓦瓿賣沙糖。道逢故人，喜而拜之，伸足誤踏瓿倒，糖流於地。小商彈指歎息曰：「甜采，你即溜也。怎奈何！」左右皆笑。俚語以王姓為甜采。（《澠水燕談》）（卷二，第 1273 冊，第 603～604 頁）

四星兒哩

偽齊劉豫僭位，大饗群臣，教坊進劇。有處士問星翁云：「帝王必有受命

之符。今若何？」曰：「有之。新上即位前一日，有一星聚東井，真所謂符命也。」處士以杖擊之曰：「五星非一，乃云聚耳。一星何得云聚？」星翁曰：「汝不知也。新主比德漢高，只少四星兒哩。」（《寓簡》）（卷二，第 1273 冊，第 606 頁）

莊宗角抵

唐莊宗喜優戲角抵，與王門開約曰：「朕與作對，供養太后，卿不可讓。如一拳致朕倒者，與卿節度。」及出手，果一拳而僕，尋除幽州。（《潁川語小》）（卷二，第 1273 冊，第 616 頁）

弄影戲詩

往在柏臺，鄭亨仲、方公美誦張文潛《中興碑》詩。我曰：「此弄影戲語耳！」二公駭笑，問故。我曰：「『郭公凜凜英雄才，金戈鐵馬從西來。舉旗為風偃為雨，灑掃九廟無塵埃』，豈非弄影戲乎？又如『水部胸中星斗文，太師筆下蛟龍字』，亦小兒語耳。」（《歲寒堂詩話》）（卷三，第 1273 冊，第 628 頁）

老人燈

王盤號西樓，高郵人。李空同就醫京口，遇人故自矜重，見之傲不為禮。西樓賦《老人燈》云：「形骸憔悴不堪描，還自心頭火未消。自分不知年老大，也隨兒女鬧元宵。」空同默然。（《寄園寄所寄》）（卷三，第 1273 冊，第 631 頁）

題匾

一僕驟富起屋，乞士人題匾，曰：「旦堂。」僕亦喜，不知優人作旦者，開口曰奴家也。（《寄園寄所寄》）（卷三，第 1273 冊，第 631 頁）

教坊墓誌

正德中，教坊莊賢素多貲，其父卒，求墓誌於浙江一主事。不能撰，託一友為之。其間有云：「君配某氏，有賢德。三女皆適名族。」時人傳以為笑。（《都公談纂》）（卷三，第 1273 冊，第 635 頁）

阿醜

成化末，內官阿醜年少機警，善作教坊雜劇。保國公朱永治居第，私役軍

士頗眾。丑扮兩人於上前，一人誦詩曰：「六千兵散楚歌聲。」一人擊之曰：「何為誤八千為六千？」答曰：「二千在保國公家造房。」上疑之，令人密覘，果然。保國懼，即日撤工。(《明良記》)（卷三，第1273冊，第635頁）

無網之災

湯臨川善謔。有某先達以事觸眾怒，致扯去頭巾。湯謂客曰：「某今有無網之災。」客問：「為無妄耶？」湯曰：「他人則無妄，某乃是無網耳。」(《雋區》)（卷三，第1273冊，第641～642頁）

鄭鷺鷥

潼南鄭輅思觀察初見屠緯真。屠問曰：「先生尊字？」答曰：「輅思。」屠曰：「唐有鄭鷓鴣，能詩。今又有鄭鷺鷥，奇哉！」一座大笑。(《閩小記》)（卷四，第1273冊，第642頁）

浴睡

金聖歎訪友，主人辭以浴。問其子，則曰：「睡矣。」聖歎曰：「乃尊尚在獄中，乃郎又為罪人耶？」(《丹午雜記》)（卷四，第1273冊，第643頁）

金聖歎

金聖歎館一富室，係石匠出身。主人懇作對聯，須確切不移。因書「蓬門來軒冕，石戶出公卿」。又代人作家書云：「分付娘子，細細揩揩。有人來借，切莫與他釘鞋。」又一札：「男出外，叨祖宗福蔭，一路平安。圈中豬，長不長。母親孕，養不養。家人倘有空工夫，要每日搓麻繩三百丈，搭搭延葉豆棚。家中光棍，切莫放進。光棍者，大兄、二兄也。後門惡犬，須要謹防。惡犬者，大叔、二叔也。黃豆與鹽菜，食之有胡桃滋味，萬不可使南貨店知。劉姑父一路吃糕，不肯與我一塊。此番不中，天理昭彰。忙中不寫大萬字，寫方字少一點之省文『万』字。劉字即劉字。慎勿認為九二碼子。切屬切屬。」又見人鋪地平。笑曰：「一平如洗。」又其被逮之日，金方出恭。隸人守之。金曰：「此之謂『公人』。」又，歲試作「以杖叩其脛。闕黨童子將命」題，中段云：「一叩而原壤痛矣。再叩而原壤昏矣。三叩而原壤死矣。三魂渺渺，六魄悠悠。乃生於闕黨，而化為童子矣。孔子曰：『此吾之故人也。使之將命可也。』」以此考六等，挑紅糞桶而出。蓋明俗謂之歸農也。遇黃陶

庵先生於門，黃曰：「君又何至於此？」聖歎曰：「吾豈不如老農！」均堪絕倒。（《丹午雜記》）（卷四，第 1273 冊，第 643 頁）

老棗樹班

掖縣張大司寇忻，夫人陳，大學士文端公瑞母也。張與中丞胡某為姻家，胡有優伶一部。一日，兩夫人宴會。張謂胡曰：「聞尊府梨園最佳。」胡古樸不曉文義，輒應曰：「如何稱得梨園，不過老棗樹幾株耳。」左右皆匿笑。萊人因號胡氏班為老棗樹班。（《古夫于亭雜錄》）（卷四，第 1273 冊，第 646 頁）

杜詩韓文

京師某梨園部，一旦有姿首，解文義，喜誦韓閣學菼制舉文。一日在後左門，予向韓詢其人本末。孝感熊公賜履因言金陵某樂部一旦，最喜誦杜于篁詩。陳大司徒曰：「杜詩韓文，固自應爾。」眾亦一笑。（《居易錄》）（卷四，第 1273 冊，第 647 頁）

修夫子廟

李轂為陳州防禦使，謁夫子廟，惟破屋三間，中存聖像。有伶人李花開進口號曰：「破落三間屋，蕭條一旅人。不知負何事？生死厄於陳。」轂驚嗟，遽出俸修之。五代學校廢壞，賴滑稽之言始得修復，可為浩歎。（《香祖筆記》）（卷四，第 1273 冊，第 650 頁）

甲子丙子生

宋高宗時，饔人淪餛飩不熟，下大理寺。優人扮兩士人相遇。問其年，一曰「甲子生」，一曰「丙子生」。優人告曰：「此二人皆合下大理。」高宗問故，優曰：「餃子、餅子皆生，與餛飩不熟者同罪耳。」上大笑，原饔人。（《漁磯漫鈔》）（卷四，第 1273 冊，第 654 頁）

其次致曲

王渼波〔陂〕九思好為詞曲。有客曰：「『太上立德，其次立功，其次立言』，公宜留心經世文章。」渼波〔陂〕答曰：「公獨不聞其次致曲乎？」（《堅瓠集》）（卷四，第 1273 冊，第 659 頁）

周王廟祝

趙秋谷執信以丁卯國喪，赴洪昉思寓觀《長生殿》劇，被黃給事六鴻劾罷。時徐勝力編修嘉炎亦與讌，對簿時，賂聚和班優人，詭稱未與，得免。都人有口號詩云：「國服雖除未滿喪，如何便入戲文場。自家原有三分錯，莫把彈章怨老黃。」「秋谷才華迥絕儔，少年科第盡風流。可憐一齣《長生殿》，斷送功名到白頭。」「周王廟祝本輕浮，也向長生殿裏遊。抖擻香金求脫網，聚和班裏製行頭。」徐，豐頤修髯，有周道士之稱，故云。（《茶餘客話》）（卷四，第 1273 冊，第 661 頁）

應試

予同友八人應試，過濟關。土人疑為梨園子弟，問何處演戲。僕答曰：「南京貢院中。」一友曰：「予等本皆傀儡，未知何人能做一場好戲耳。」（《明齋小識》）（卷五，第 1273 冊，第 666 頁）

小青

拆情字為小青，本無其人。其傳及詩，虞山譚生所作，流傳日久，演為傳奇。至有以孤山訪小青墓為詩題者，真與落鳳坡弔龐士元同一可笑。（《皆大歡喜》）（卷五，第 1273 冊，第 677 頁）

科諢

一日，署中演《雙合印》，內有科諢曰：「爾既係算命的，何以把自己算在監裏來？」同人笑之。時孟樸山在坐，曰：「此語可以問周西伯。」眾訝之，乃曰：「西伯演《周易》，拘於羑里，不亦同耶！」會心真不在遠。（《餘墨偶談》）（卷六，第 1273 冊，第 692 頁）

戲提調

都下唱戲，必擇一友之熟習諸務者專司之，名曰「戲提調」。曾傳一歌曰：「眾賓皆散我不散，來手未到我先到。巍然獨踞下場門，赫赫新銜戲提調。定席要便宜，點戲誇精妙。怒目看官人，軟語磨車轎。徧索年前舊戲單，爛熟胸中新堂號。大蠟親試三枝頭，靴頁偶裝幾千弔。小香到，提調笑。喜祿病，提調跳。鎖得長庚跟兔暫向櫃房存，待到半夜三更自己轉灣仍放掉。吁嗟乎！三更曲罷尤可憐，昏花二目饑腸穿。左有牙笏右掌櫃，小馬紛來滿堂

前。燈火全不見，陰森疑到閻羅殿。此時提調錦囊空，只餘三字明天算。」
（《餘墨偶談》）（卷六，第 1273 冊，第 693 頁）

袁癡

袁癡者，性好遊戲。鄰廟演劇，眷屬欲往觀，又有親串女客，禁不能止。
乃盛肴饌重鹽味，多飲以茶。觀劇未半，女眷欲旋，袁堅留之，且曰：「人多
氣雜，宜開鼻煙。」已而噴嚔一聲，泉流滿地矣。其狡獪如此。（《金壺七墨》）
（卷六，第 1273 冊，第 696 頁）

詩諧

（郎蘇門）奏請禁止婦女聽戲。時人有詩嘲之，曰：「卓午香車巷口多，
珠簾高卷聽笙歌。無端撞著郎螃蟹，惹得團臍鬧一窩。」蓋蘇門工畫蟹，向有
郎螃蟹之名云。聞者捧腹。（《印雪軒隨筆》）（卷六，第 1273 冊，第 698 頁）

借《西廂》語

潘篆仙茂才嘗言：錢蒙叟當我朝大兵入關，錢戴本朝冠帶往迎。途遇一老
者，以杖擊其首，曰：「我是多愁多病身，打你個傾國傾城帽。」帽與貌同音，
借《西廂》語。聞者絕倒。（《桐陰清話》）（卷六，第 1273 冊，第 699 頁）

教坊碑

秦淮舊院教坊規條碑，余嘗見拓本。略云：入教坊者，准為官妓，另報丁
口賦稅。凡報明脫籍過三代者，准其捐考。官妓之夫綠巾綠帶，著豬皮靴，出
行路側，至路心被撻。勿論老病，不准乘馬及輿。跨一木，令二人肩之云云。
閱之不覺失笑。（《桐陰清話》）（卷六，第 1273 冊，第 700 頁）

俞敦培

俞敦培（1821～1861），字芝田，江蘇金匱（今屬無錫市）人。官樂平知縣。（江慶柏編著：《清代人物生卒年表》，人民文學出版社 2005 年版，第 576 頁）

茲據臺灣《筆記小說大觀》所收四卷本《酒令叢鈔》輯錄。

鳥名串四書、曲文令

《兩般秋雨庵隨筆》：陳眉公在王荆石家，遇一宦。問荆石曰：「此為何人？」曰：「山人。」宦曰：「既是山人，何不到山裏去？」蓋譏其在貴人門下也。俄就席，宦出令曰：「首要鳥名，中要四書二句，末要曲一句合意。」宦首舉云：「十姊妹嫁了八哥兒，八口之家，可以無饑矣，只是二女將誰靠？」眉公曰：「畫眉兒嫁了白頭翁，吾老矣，不能用也，孤負了青春年少。」合座稱賞，宦遂與訂交焉。（卷一《古令》，第 29 編，第 4804 頁）

四書貫《西廂》

行乎富貴。（金蓮蹴損牡丹芽）

無適也，無莫也。（又不曾有甚）

無忘賓旅。（可憐我為人在客）（卷二《雅令》，第 29 編，第 4812 頁）

四書貫戲令

王豹處於淇而河西善謳。（教歌）

不學詩，無以言。（訓子）

昏暮叩人之門戶。（驚夢）（卷二《雅令》，第 29 編，第 4813 頁）

月令蟲兼曲牌名

先說月令兩蟲，另說一蟲名兼曲牌名貫串。

螻蟈鳴時四月晴，晚來蚯蚓出新聲。添取一蟲何處是，江兒水畔撲蜻蜓。

腐草為螢火不濃，蟋蟀居壁鬧匆匆。添取一蟲何處是，菊花新發打黃蜂。

蜩始鳴時聲最多，螳螂生在綠藤蘿。添取一蟲何處是，剔銀燈惹撲燈蛾。

（卷二《雅令》，第 29 編，第 4815 頁）

月令貫《西廂》令

萍始生。（嫩綠池塘藏睡鴨）

蟋蟀居壁。（絮叨叨促織兒無休歇）

始雷。（二月春雷響殿角）（卷二《雅令》，第 29 編，第 4815 頁）

詩句貫曲牌名

有約不來過夜半，誤佳期。

多少工夫織得成，十段錦。

夢魂搖曳櫓聲中，夜行船。（卷二《雅令》，第 29 編，第 4829 頁）

藥名貫串牌名律例

紅娘子，笑和尚，閨門不正。

馬藺子，畫夜樂，游手好閒。

劉寄奴，罵玉郎，惡奴欺主。（卷二《雅令》，第 29 編，第 4842 頁）

彩色貫曲牌名

紅瓢黑子青皮瓜，一似滾繡球。

紫竹黃鞭生白筍，看他節節高。

唇紅齒白青絲髮，好個虞美人。（卷二《雅令》，第 29 編，第 4843 頁）

蟲貫曲牌名

蜂兒真，針兒假，繡不得紅繡鞋。

螢是真，火是假，當不得剔銀燈。

蜘蛛真，蛛絲假，織不得十樣錦。（卷二《雅令》，第 29 編，第 4844 頁）

《西廂》曲貫衙門

放著個玉堂學士，翰林院。

怕你不雕蟲篆刻，鑄印局。

定然是神針法炙，太醫院。（卷二《雅令》，第 29 編，第 4847 頁）

曲句貫曲牌名

我將者鈕扣兒鬆，脫布衫。

原來姹紫嫣紅開遍，滿庭芳。

莫去倚闌干，極目行雲上小樓。（卷二《雅令》，第 29 編，第 4847 頁）

曲文貫戲名

煙波畫船，遊湖。

地起波瀾，水漫。

孤負了青春年少，悔嫁。（卷二《雅令》，第 29 編，第 4847 頁）

曲牌貫果名

混江龍滾起浪淘沙，石榴留不動。

下山虎吃了山坡羊，菱零角獨存。

一江風吹倒夜行船，蓮連篷落水。（卷二《雅令》，第 29 編，第 4848 頁）

曲牌貫鳥名

七兄弟沽美酒，鸚哥提壺。

紅娘子傍妝臺，畫眉情急了。

耍孩兒孝順歌，子規姑惡。（卷二《雅令》，第 29 編，第 4848 頁）

曲牌貫果名鳥名

此本喜人巧對，衍為令者。

耍孩兒斷藕魯思鷺鷥。

好姐姐炒栗縫黃鳳凰。

香柳娘吃辣椒嘴蠟。（卷二《雅令》，第 29 編，第 4848 頁）

點戲令

令官點某戲，暗書於甌中，覆之。坐客各認腳色，到者架箸，不到者否。令官宣言，所點何戲，某腳應到不到，某腳不應到而到，皆飲。（卷三《通令》，第 29 編，第 4889 頁）

度曲

實不能者，自飲酒，請人代唱，亦變通法也。（卷三《通令》，第 29 編，第 4890 頁）

《西廂記》酒籌

如今又也。（方飲者，復飲。）

疑是銀河落九天。（撒酒者飲。）

翠袖殷勤捧玉鍾。（手拿杯者飲。）

光油油耀花人眼睛。（新梳頭者飲。）

將沒作有。（空杯飲。）

軟玉溫香抱滿懷。（新娶者飲。）

紅袖鸞捎玉筍長。（指甲長者飲。）

粉牆兒高似青天。（身矮者飲。）

著甚支吾此夜長。（未婚者飲。）

滋洛陽千種花。（好花木者飲。）

打扮得嬌嬌滴滴的媚。（穿色衣者飲。）

玉簪兒抓住荼蘼架。（身長者飲。）

我從來心硬。（離家久者飲。）

我悄悄相問，你便低低應。（私語者飲。）

鳳簫象版，錦瑟鸞笙。（喜樂器者飲。）

銀樣蠟鎗頭。（輸拳者飲。）

風魔了張解元。（孝廉飲。）

怎當他兜的上心來。（發煙癮者飲。）

二月春雷響殿角。（打雷一次。）

眼皮兒上供養。（戴眼鏡者飲。）

疾忙快分說。（急口令。）

權將這秀才來盡。（庠士飲。）

夫人只一家。（同姓飲。）

早則展放從前眉兒皺。（前酒免。）

既然洩漏怎干休。（淺氣吐痰者飲。）

恐怕人知。（懼內者飲。）

土氣息，泥滋味。（泥塑。）

春生敝齋。（貌美者與主人對飲。）

太平車敢有十餘載。（肥大者飲。）

仔細端詳。（近視者飲。）

繡幡開，遙見英雄俺。（打通關一次。）

侵入鬢雲邊。（連鬢鬍飲。）

乍相逢，記不真嬌模樣。（初會者對飲。）

供食太急。（催飲者巨觥。）

孔雀春風軟玉屏。（好陳設者飲。）

袒下了偏衫。（脫衣者飲。）

小梅香伏侍得勤。（有婢妾者飲。）

尊前酒一杯。（年最長者飲。）

知音者芳心自同。（送酒唱曲。）

語句又輕，音律又清。（合席各唱。）

只將花笑拈。（飛花送酒。）

紙光明玉版。（善書者飲。）

不是我，他人耳聰。（重聽者飲。）

盡在不言中。（啞拳。）

老夫人拘繫得緊。（有妾者飲。）

咳嗽一聲。（咳者飲。）

我是特來參訪，你竟無須推讓。（敬客一大杯。）

指頭兒告了消乏。（理鬍搔癢者飲。）

為甚打扮著特來幌。（新衣飲。）

好著我難猜。（猜謎一次。）

教小生半途喜變憂。（大笑，一大杯；微笑，一小杯。）

我定要發落這張紙。（合席聽令。）

便提刀仗劍，誰勒馬停驂。（自開拳。）

哈，怎不回過臉兒來。（他顧者飲。）

要算主人情重。（任主人飛送。）

風過處，衣香細生。（佩香囊者飲。）

我只見頭似雪、鬢如霜。（鬢髮白者飲。）

好教我左右做人難。（上下家各一杯。）

香煙人氣，兩般兒氤氳得不分明。（吃煙者飲。）

帶圍寬過瘦腰肢。（身瘦者飲。）

小車兒如何載得起。（肥者飲。）

顛來倒去，不害心煩。（折過酒者飲。）

還準備折桂枝。（應試者飲。）

女孩兒家恁響喉嚨。（高聲者飲。）

者通殷勤的，著甚來由。（傳遞者飲。）

定要手掌兒上奇擎。（手擎杯者飲。）

馬兒向西。（善騎者飲。）

冷句兒將人廝侵。（嘲笑人者飲。）

游絲牽惹桃花片。（鬢長者飲。）

倩疏林，你與我掛住斜暉。（遲到者飲。）

淡白梨花面。（白面者飲。）

走霜毫，不構思。（能詩文者飲。）

高坐上，也凝眺。（坐首席者飲。）

休言語，靠後些。（說話者飲。）

我願為之，並不推辭。（自飲。）

口沒遮闌。（無鬚者飲。）

那人一事精，百事精。（多藝者飲。）

全不見半點清狂。（端坐者飲。）

盦的改變了朱顏。（吃酒面紅者飲。）

枕頭兒孤另，被窩兒寂靜。（作客者飲。）

你嫌玻璃盞大。（量小者飲。）

只少個圓光，便是捏塑的僧伽像。（禿者飲。）

願天下有情的都成了眷屬。（有親者對飲。）

定然是神仙針法炙。（通岐黃者飲。）

我把五千人作一頓饅頭餡。（量大者飲。）

爾是年紀小。（年少者飲。）

雁字排連。（有兄弟者如數飲。）

春至人間花弄色。（擲色一次得紅者飲。）

尋思就裏。（藏色一次。）

停妻再娶妻。（前酒未飲，載飲一杯。）

玉石俱焚。（合席飲。）

請先生切勿推稱。（合席飲。）

準備著抬。（乘輿者飲。）

誰做針兒將線引。（冰人一杯。）

筆尖兒敢橫掃五千人。（醫士飲。）

欽敬哈當合。（西席親家老者各一杯。）

先生休作謙。（幕客飲。）

請貴人。（仕者飲。）

不會諸親。（主人親戚免飲，餘各一杯。）

好事兒收拾得早。（畢令合席飲。）（卷四《籌令》，第 29 編，第 4926～
4933 頁）

訪鶯鶯令

張生。（徧訪鶯鶯。）

白馬將軍。（對飲。）

惠明。（奉犒勞酒一杯。）

法本。（房租酒一杯。合十回敬。）

法聰。（說笑話，奉張生酒，無則自飲。）

琴童。（代酒。）

紅娘。（張生長揖奉謝媒酒，紅娘萬福。）

孫飛虎。（江湖亂道五拳。）

夫人。（飭張跪飲雙杯。）

鄭恒。（一字清下拳。）

鶯鶯。（訪得者飲交杯完令。）

歡郎。（一認五，一認對，啞戰三拳。）（卷四《籌令》，第 29 編，第 4933～
4934 頁）

藝雲軒《西廂》新令

人間壽高。（年長者飲。　壽星令、壽字飛觴，不得說本壽字，誤者罰。）

建立功勳。（得保舉者一次一杯，有大功者飲大爵，說詩一句，切一官。）

孔雀春風軟玉屏。（戴花翎者飲，詩一句，有花名，不可犯花字。誤者罰，非春花倍罰。）

顛倒寫鴛鴦二字。（夫婦齊眉者飲。　行一字化為三令。）

珠圍翠繞。（有妾者飲，生女者飲。　女兒令，如《紅樓夢》悲愁喜樂之類，行動情性皆可言之。）

你與崔相國做女壻。（妻家貴者飲，懼內者飲。並蒂花令。）

雁字排連。（兄弟同席及訂盟者同飲。　雁字飛觴。）

迴文織錦。（眷屬在家者飲。　隨舉四字作詩一聯，將四字依次分嵌入內。）

甚姻親。（有戚誼者同飲，諱者罰。　連理花令。）

花箋上刪抹斷腸詩。（工詩者飲。　改古人詩一字，另引一句詩解之。）

詩對會家吟。（曾共唱和者飲。即席聯句。）

走霜毫。（善書者飲。　字體象形翻勵斗令。）

弦上的心事。（善琴者飲。凡絃索皆同。　說古人詩一句，舉一樂器名，非絲者暗罰。）

好教我左右做人難。（左右坐者飲。參差花令。）

日近長安遠。（陝人飲。從未到京者飲。　一品令。）

嬌滴滴玉人兒何處也。（乍離家、乍斷弦、乍別美人者飲。各誦成句內有玉人兩字，須分嵌，不得相連。）

口沒遮攔。（語言直爽者飲，未蓄鬚者飲。　歌詩詞令。）

酸醋當歸浸。（作歸計者飲，多妾者飲。　藥名令，各說古詩一句，要有藥名飛觴。）

把並頭花蕊搓。（交頭語者飲。　並頭花令。）

第四來。（行四者飲。年逾四旬者飲。　四書貫《千字文》一句。）

月底西廂。（坐西者飲。　月令，貫《西廂》曲文一句。）

青山隔送行。（行客飲。　喜相逢令，舉故事，撰七言韻語，葉某某喜相逢。）

空餘楊柳煙。（楊姓飲，姓字帶木、火者飲。　說詩一句，要有花名，句中不許犯五行。）

下工夫把頭顱掙。（新薙頭者飲。　首尾令，說書或詩二句，上句首字、次句末

字合成花名或人名。）

彩雲何在。（不吃煙者飲。　五色令，各說一句，輪青黃赤白黑字飛觴。）

好著我難猜。（有心事者飲。　射覆令。）

誰做針兒將線引。（佩繡貨者飲。　績麻令。）

參辰卯酉。（辰卯酉建生者飲。　干支令，說詩一句，偏旁內要帶干支。）

見安排著車兒馬兒。（乘輿馬來者飲。　飲者說詩一句，要有車馬字。）

露滴牡丹開。（口不合者飲。　各說《牡丹亭》曲，貫一戲名。）

早醫可九分不快。（善醫者飲。　數目令，各說詩一句，要有兩個數目字。）

似鶯轉喬林。（別號帶花木禽鳥字者飲、遷居者飲。　各說詩一句，要花鳥同名。）

只近西廂。（坐西首者飲。　《西廂》曲二句，貫一衙門。）

爾自年紀小。（年輕者飲。小字飛觴。）

他曲未終。（學曲者飲。　各說曲一句，貫一曲牌名。）

喏喏連聲。（謙恭太甚者飲。　飛聲令，聲字飛觴，句內要有迭字。）

夫人命。（不留鬚者飲。　鬥草令，以花草為主，各認鬥色，成兩字對令。）

一字字訴衷情。（交頭接耳者、談家常者皆飲。　拆字對令，不通者一字罰一杯，通則令官飲。）

齊齊整整。（衣服華麗者飲。　男子雙名令，各舉古人雙名者。）

渴司馬。（飲茶者飲酒。　飲中八仙歌令，以次順誦一字，遇水、酉、口等飲，偏旁半杯，酒字一杯。）

半晌抬身。（肥者飲。　加倍令，取古詩有數目字者，改增一倍。）

委實口淡。（忌口及吃齋者飲。　各誦古詩一首，不得有口字偏旁，犯者一口一杯。）

夫人專意等。（欲先行者飲巨杯。　各舉美人名，非花暗罰。）

夜夜教他孤另。（未婚者飲。　各舉古人單傳名句。）

我只見頭似雪。（有白髮者飲。　福祿壽令。）

錦片前程。（前程大者飲。　錦圍圖令。）

宦遊在四方。（現任官飲、出差者飲。　遇缺即升令。）

狀元及第。（有科名者飲、赴試者飲。　狀元遊街令。）

筆尖兒敢橫掃五千人。（有文名者、曾掌軍中文案者皆飲。　考試令。）

下邊是合歡令。（新娶者飲。　觥籌交錯令。）

料應他小腳兒難行。（遲到者罰雙杯。　訪西施令。）

似得了將軍令。（先到者飲一杯。　行點將令，用骰子二枚，搖得四者為元帥。）

正是此地偏。（居不近市者飲。　尋唐僧令。）

疾忙快分說。（口吃者飲。　急口令。）

權將者秀才來盡。（曾入學者飲；中式或加捐，或得保者再飲。　訪鶯鶯令。）

第三來。（行三者飲，姓名帶三及三點水者飲。　三色人地事令。）

我一地胡拿。（跌落扇箸、手巾等物者飲。　猜點令。）

風流客。（曾遊妓館者飲。　尋花令。）

知他命福如何。（堂上具慶者飲。　快樂飲酒令。）

善文能武人千里。（文武官皆飲。　紅旗報捷令。）

騎著匹白馬來也。（武將飲。　武揭采令。）

一更之後。（說夜深者飲。　打更放炮令。）

君瑞胸中百萬兵。（善棋者飲，曾從軍者飲。　打擂臺令。）

放著個玉堂學士。（曾與館選者飲，會試者飲。　金帶圍令。）

入東洋。（曾坐輪船者飲。　神仙過海令。）

柳遮花映。（有外遇者飲。　揭花令。）

是花宮夜撞鐘。（喜鐘錶者飲。　一百八下鐘聲令。）

畫堂簫鼓鳴春晝。（主人飲。　點戲令。）

眉兒淺淺描。（善畫者飲，姓張者飲，妻美者飲。　規矩令。）

你低首無言。（危坐不言者飲。　泥塑令。）

一個啞聲兒廝耨。（接耳低言者飲。　啞樂令。）

歸舟緊不緊。（三月內曾坐船者飲。　搖船令。）

無有些兒空。（忙者飲。　五子三猜兩手不空令。）

撲剌剌宿鳥飛。（豢鳥者飲。　飛禽擇木令。）

只將花笑拈。（笑者飲。　飲者說一笑語。）

我眼花撩亂。（戴眼鏡者飲。　五官搬家令。）

我將你鈕扣兒鬆。（脫衣者飲。　開當鋪令。）

司天臺。（習天文、星命者飲。　數節氣令。）

斗柄雲橫。（吃煙者飲。　七星伴月令。）

音律又清。（解音律者飲。　隨意唱一曲，實不能者飲大杯，請人唱。）

水上蒼龍。（江湖河海各省人飲，辰年生飲。　漁翁下網令。）

天生是敢。（有膽者飲。　霸王拳令，勝者尋人，負者飲。）

向詩書經傳。（喜談文者飲。　讀聖經令。）

助神威擂三通鼓。（好武論兵者飲，談軍務者飲。　擊鼓傳花令。）

七青八黃。（衣色青者、黃者飲。　拍七令。）

手掌兒上奇擎。（舉杯筯、扇帕者飲。　五行生剋令。）

淡淡春山。（濃眉者飲。　貼翠令。）

腳跟無線如蓬轉。（步行來者飲，遊客飲。　拇戰，用走馬法一巡。）

分明打個照面。（乍會面者飲。　對坐各拇戰三拳。）

止許心兒空想。（本人不飲。　隨意招人拇戰三拳，無勝負者，左右各飲。手口相逢，同席各飲。）

疏竹蕭蕭曲檻中。（危坐身搖者飲，離坐、側坐皆飲。　脫卸竹節拳。）

諕得我倒躲倒躲。（後到者飲。　飲者招人拇戰三拳，以不出之指作數。）

吶一聲喊，繡旛開，遙見英雄俺。（呼家丁來者飲。　拇戰，一字清不倒旗通關。）

啞謎兒。（作隱語者飲。　啞拳，一認五，一認對，通關。）

一雙心意兩相投。（交最厚者同飲。　連環拳。）

一服兩服令人恁。（能醫者飲。　三拳兩勝令。）

銀樣蠟鎗頭。（體弱者飲。　輸通關。）

便提刀仗劍，誰勒馬停驂。（豪爽者飲。　贏通關。）

顛來倒去，不害心煩。（折酒者飲。　添減正三拳通關。）

惹草拈花沒掂三。（喜狹邪遊者飲。　搶三籌令。））（卷四《籌令》，第 29 編，第 4949～4956 頁）

蔣超伯

蔣超伯（1821～1875），字叔起，號通齋，江蘇江都（今屬揚州市）人。清道光二十五年（1845）進士，咸豐十一年（1861）授廣西南寧知府，同治二年（1863）歸。工詩。（張小莊編著：《清代筆記日記繪畫史料彙編》，榮寶齋出版社2013年版，第386頁）

茲據清同治十年兩罍山房刻八卷本《南漘楛語》輯錄。

《樂記》逸文

《白虎通》引《樂記》曰：塤，坎音也。管，艮音也。鼓，震音也。弦，離音也。鐘，兌音也。柷敔，乾音也。今《樂記》無此文。宋《廣韻》鶞字注云，韓詩云：孔子嘗聞河上人歌曰：「鶞兮鶞兮，逆毛衰兮，一身九尾長兮。」今外傳亦無此。（卷一，第22頁）

俞 樾

俞樾（1821～1907），字蔭甫，晚號曲園居士，浙江德清人。四歲隨父鴻漸遷仁和臨平，母姚口授四子書，過目不忘。清道光三十年（1850）進士，改庶吉士。咸豐二年（1852）散館，授編修。五年（1855），放河南學政。七年（1857），被劾罷歸。罷職後僑居蘇州，主講蘇州紫陽、上海求志各書院，而主杭州詁經精舍三十餘年，最久。課士一依阮元成法，遊其門者咸有聲於時。東南遭亂，典籍蕩然。樾總辦浙江書局，建議江、浙、揚、鄂四書局分刻《二十四史》，又於浙局精刻子書二十二種，海內稱為善本。著述宏富，有《春在堂全集》。戲曲創作方面，作有傳奇《驪山傳》《梓潼傳》、雜劇《老圓》等。見《清史稿》卷四八二、《（民國）杭州府志》卷一七〇等。

一、據臺灣《筆記小說大觀》所收四卷本《耳郵》輯錄。

城南老樹*

世傳柳仙為呂純陽弟子，蓋本元人雜劇，此豈足為典要。且考宋鄭景璧《蒙齋筆談》載呂詩：「惟有城南老樹精，分明知道神仙過。」城南老樹，乃古松也。則知元劇已屬訛傳矣。（卷一，第 1 編，第 6223 頁）

二、據臺灣《筆記小說大觀》所收二十卷本《薈蕞編》輯錄。

咎僅齋

咎宏祖，字寅谷，自名其齋曰「僅」，學者稱為僅齋先生。世為懷寧人。阮大鋮之母，先生姑也。以姑命召致先生，欲官以同知。則謝曰……（見梅文

鼎《績學堂集》。）（卷一，第 2 編，第 1916 頁）

黃洪元

黃孝子名洪元，丹陽人。其父國相，以武斷豪於里中。有虞庠者，與國相同里，不相能。……庠方上坐觀優，意揚揚自得也。孝子直入，肩擠之，謂庠曰：「逸群，我送汝死。」（見汪琬《堯峰集》）（卷一，第 2 編，第 1919～1920 頁）

趙希乾

趙希乾，字仲易，南豐河東人。幼孤，依其大母。母皆嫠婦。希乾殊有篤愛。家人嘗觀優為劇，見安安事，即用呼希乾。希乾由是小字安安。（見邱維屏《邦士文集》）（卷三，第 2 編，第 1965 頁）

五公山人

五公山人，隱者也。隱於五公山，故號五公山人。王姓名余佑，字介祺，保定之新城人。……大清師入，山人父為仇家所陷，執入京。余恪、余嚴謀曰：「父死，吾兄弟何面目視息人間？仲繼世父，不可死。吾二人其死之！」乃赴難。夜馳至琉璃河，聞人唱《伍員出關》曲。余恪憮然曰：「阿弟誤矣。吾二人俱死，誰復仇者？若壯，可復仇。我死之。」乃揮余嚴去，自赴京。（見王源《居業堂集》）（卷四，第 2 編，第 1999～2000 頁）

馬生

（李）自成復陷歸德。開封亦遂陷。（袁）時中以其眾合自成。自成許配以女，除歸德城外地。豎高臺十座，列騎張繡，徵梨園伶人十部，臺並奏樂，伎演曲其上。（見何棐《晴江閣集》）（卷八，第 2 編，第 2086 頁）

顧童子

顧童子，吳縣人。……於是吳人嘖嘖稱顧孝子。居無何，孝子以家貧隸樂部，為伶人。逐隊至安慶。按察使王君聞其割肱事，召見童子，出金八十兩贖之，名之孩良，字以九齡，館之內署。（見彭紹升《二林居士集》。）（卷十，第 2 編，第 2149 頁）

孫僩

　　而是時山左牛木齋先生運震，宰平番。……木齋每於課期，張盛宴演劇，約諸生先納卷者入座。文不就，不得與於酒課。（見《潘挹奎集》）（卷十三，第2編，第2207頁）

胡其愛

　　母又喜出觀遊。村鄰有優伶之劇，孝子每負母以趨，為藉草安坐。候至夜分人散，乃復負而還。（見《劉海峰集》）（卷十三，第2編，第2212頁）

霍亮雅

　　霍則白，字亮雅，曲周人。原名奇，字則白，以字行。近世少以字行者，亮雅與友人刺，署字，蓋以為名也。而友人不知，以為慢己，亦以字答之。後聞之，呀然一笑也。……好歌，常自蓄優伶。其自遠方至者，必窮其技。（見《申鳧盟集》）（卷十四，第2編，第2245頁）

海烈婦

　　（林顯瑞）因借酬神名，聯三艘演劇。冀以蠱海氏。海氏不視。（見任源詳《鳴鶴堂集》。）（卷十五，第2編，第2273頁）

採蘅子

採蘅子姓宋，清道光間蘇州人。少有俊譽，長不得志，作吏於江西近三十年，著述不輟。(《蟲鳴漫錄》誠存氏序)

茲據臺灣《筆記小說大觀》所收二卷本《蟲鳴漫錄》輯錄。

樂歌*

（歌）不知何時合於器而並奏，如今之崑腔合笛，弋腔合提琴。大約始於宋，而甚於元。宋詞有倚聲。倚者，兩相併也。或歌詞而以簫管和之。迨元人則專門填曲，演為傳奇，而徒歌之法泯矣。（卷一，第 1 編，第 4330～4331 頁）

蒙童演劇之厄*

有老儒訓蒙童六七，一日遇事外出。諸童憶曰：「前日所觀《斬包冕》一劇，今日何不演之？」然無鍘刀，議借鄰肆切面者，鄰不許。童伺其不備，竊取至書齋。兩童扮劊子扶刀，一小童扮包冕，橫臥刀口。正演間，忽似聞人語曰：「先生至矣。」扶刀童放手歸座，刀一落而小童兩截矣。諸童驚號。師母聞聲出視，駭極，入室自縊。面肆尋刀而至，見之，畏累投河。老儒歸，亦自殺。後報官，驗埋而已，無如何也。（卷一，第 1 編，第 4341～4342 頁）

夢劇斷案*

（熙引之）又言：靖安縣空山中有比屋而居者張、唐二姓，別無鄰舍。張與妻、女同居，忽一夜，皆被殺。唐代報官，且屢促緝凶獄，頗急。令不得已，祈城隍廟。夢神延其觀劇，所演皆李密、徐續等瓦岡寨故事。不解所謂，與幕

友詳述。忽一友曰：「此唐朝事也。」令乃恍然：唐姓者，名朝士。疑張氏一門為伊所殺，而偽為申理以飾之。然無跡可尋。乃命吏偽作鬼聲，向唐屋繞行，作索命聲。唐懼，盡吐其實，許建醮超度。遂按而置諸法。（卷一，第 1 編，第 4352～4353 頁）

戲館開市意外*

京都戲館，俱於元旦開市。是日各部梨園，扮元壇登場，呈金書「開市大吉」四字為賀。各館咸以先至為榮，除夕子夜，即張燈火以待。余姊婿席樂山，寓京多年。一歲元旦賀年，過廣德樓。聞內金鼓喧闐，正跳元壇。門樓燈燃繩索，延燒屋樑而內不知。乃大聲疾呼，街鄰畢集，共相撲滅。館內笙歌猶未歇也。良久，啟門出，驚視，詢知其故，感甚。嗣後席入館觀劇，不索分文。（卷一，第 1 編，第 4357 頁）

培植幼伶*

京都幼伶，每曲部俱十餘人，習戲不過二、三折，務求其精，雜以詼諧，故名噪甚易。至眉目美好，皮色潔白，則別有術焉。蓋幼童皆買自他方，而蘇、杭、皖、浙為最。擇五官端正者，令其學語、學視、學步，各盡其妙。晨興以淡肉汁盥面，飲以蛋清湯，肴饌亦極醲粹。夜則藥敷遍體，惟留手足不塗，云泄火毒。三、四月後，婉孌如好女。回眸一顧，百媚橫生。雖惠魯亦不免消魂矣。惟聲之清濁，秉賦不同，各就音相近者習焉。余見三慶部，生、末、淨、丑，年皆十四、五。曲罷侑觴，輕綃窄袖，楚楚可人，不必盡旦腳也。（卷一，第 1 編，第 4358 頁）

金陵生旦*

曲部優伶，凡旦腳，均有同班人結伉儷之歡，然皆隨遇而合，配耦無常。金陵有一旦，童姓，與老生浦姓相契。凡入班夥，俱同來同去，終身不離。曲部中聘之者，必兼致焉，缺一即不至也。在此輩亦僅事矣。（卷一，第 1 編，第 4358 頁）

戲園走水*

京師戲園，一日有觀劇者甫入座，見滿園人皆頭插白燭一枝，詫甚。詢旁人，咸云未見。懼而出，未數武，園中火起，死者甚眾。此人不在劫中，故令

見而避也。（卷二，第 1 編，第 4408 頁）

哪吒扮相*

少頃，一金甲神至。年少貌美，翹雙髻，貫金釧，持畫戟，懸鋼鞭，如劇場所演哪吒狀。（卷二，第 1 編，第 4414 頁）

金聖歎*

吳門金解元聖歎，善批小說，性滑稽，喜詼諧。自言：人生惟新婚及入泮二者為最樂。然妻不能屢娶，無如何。入泮，屢黜而屢售也。每遇歲試，或以俚辭入詩文，或於卷尾作小詩，譏刺試官，輒被黜。復更名入泮，如是者數矣。司訓者惡之，促令面課，命作「人之所以異於禽獸者幾希」文。金於後比起曰：「禽獸不可以教諭，即教諭亦禽獸也。」對曰：「禽獸不可以訓導，即訓導亦禽獸也。」學博見之，亦無如何。金恃才傲物，所作多類此。後遇相士，稱其百日內有飛災，不可出戶。金信之，潛匿家中。已九十八日，懣甚，立門首閒觀，見三學弟子員結隊而過。詰以何事，眾曰：「主司鬻孝廉，吾等將舁孔子出，而移財神入大成殿，盍同往乎？」金大喜，隨之去。中丞聞之，飭役數十，至明倫堂拘拿。眾踰垣匿溷，一哄而散。金獨徘徊階廡間，乃繫之往。再三研鞫，自承為首，而不累及一人。同學者皆因是得免。爰書既成，主司論腰斬；金以擅移聖像，擬大不敬，斬決。

相傳金弱冠時，遊西湖，祈夢于忠肅祠。夢長木參天無枝葉，上立一鳥，悟為「梟」字。自思窮措大，手無縛雞力，萬無殺人論抵事，恐通籍後，或以官事攖刑戮。乃放浪江湖，不圖進取。詎意大數難逃，禍出於所備之外耶。金臨刑時，其子泣送之。金曰：有一對爾屬之：「蓮子心中苦。」（蓮、憐，借音巧合。）子方悲痛，久而未答。金曰：「癡兒，是何足悲乎！吾代爾對：『梨兒腹內酸。』」此蓋志氣早定，故臨難不迷也。（卷二，第 1 編，第 4414～4415頁）

張培仁

　　張培仁（1823～？），字少伯，號子蓮，廣西賀縣（今屬賀州市）人。清道光二十七年（1847）進士，官福建、湖南等地知縣。（續修四庫全書總目提要編纂委員會編：《續修四庫全書總目提要・子部》，上海古籍出版社2015年版，第586頁）

　　茲據臺灣《筆記小說大觀》所收十四卷本《妙香室叢話》輯錄。

尤西堂

　　尤展成《西堂雜俎》中，有「怎當他臨去秋波那一轉」制義云：想雙文之目成，情以轉而通焉。蓋秋波非能轉，情轉之也。然則雙文雖去，其猶有未去者存哉。張生若曰：世之好色者，吾知之矣。來相憐，去相捐也。此無他，情動而來，情靜而去耳。鍾情者正於將盡之時，露其未動之色，故足致人思焉。有如雙文者乎？最可念者，囀鶯聲於花外，半晌方言，而今餘音歇矣。乃口不能傳者，目若傳之。更可戀者，襯玉趾於殘紅，一步漸遠，而今香塵滅矣。乃足不能傳者，目若傳之，唯見盈盈者波也，脈脈者秋波也。乍離乍合者，秋波一之轉也。吾向未之見也，不意於臨去時遇之。吾不知未去之前，秋波何屬。或者垂眺於庭軒，縱觀於花柳。不過良辰美景，偶而相遭耳。猶是庭軒已隔，花柳方移，而婉兮清揚，忽徘徊其如送者奚為乎？所云含睇宜笑，轉正有轉於笑之中者。雖使覯修矑於覿面，不若此際之銷魂矣。吾不知既去之後，秋波何往。意者凝眸於清院，掩淚於珠簾，不過怨粉愁香，淒其獨對耳。惟是深院將歸，珠簾半閉，而嫣然美盼，似恍惚其欲接者奚為乎？所云渺渺愁餘，轉正有轉於愁之中者。雖使關羞目於燈前，不若此時之

心蕩矣。此一轉也，以為無情耶？轉之不能忘情可知也。以為有情耶？轉之不為情滯又可知也。人見為秋波轉，而不見彼之心思有與為轉者。吾即欲流睞相迎，其如一轉之不易受何！此一轉也，以為情多耶？吾惜其止此一轉也，以為情少耶？吾又恨其餘此一轉也。彼知為秋波一轉，而不知吾之魂夢有與為千萬轉者。吾即欲閉目不窺，其如一轉之不可卻何！噫嘻！召宋玉於三年，似曾相識；傾漢宮於一顧，無可奈何。有雙文之秋波一轉，宜小生之眼花繚亂也哉！抑老僧四壁畫西廂，而悟禪恰在個中。蓋一轉者，情禪也，參學人試於此下一轉語！

按，《西堂全集》卷端有「恭載容寬國師奏御語錄」一則云：上一日慨歎場屋中士子，多有學寡而成名，才高而掩抑者。如新狀元徐元文業師尤侗，極善作文字，竟以鄉貢選推官。在九王攝政時，復緣事降調，豈非時命大謬之故耶？師云：「臣聞之，君相能造命。士之有才，患皇上不知耳；既知之，何難擢之高位。」上曰：「朕亦有此念。」因命侍臣取其文集來，內有「臨去秋波那一轉」時藝。上與師閱至篇末云「參學人試於此下一轉語」，上忽掩卷曰：「請老和尚下。」師曰：「不是山僧境界。」時升首座右席。上曰：「天岸何如？」師曰：「不風流處也風流。」上為大笑。（卷四，第 27 編，第 5523～5525 頁）

陳妙常

陳妙常初為尼，寄跡女貞觀。張于湖適尹此土。每過從，戲之。陳作詞拒之，調寄《賀聖朝》。詞云：「清淨堂前不捲簾。景幽然。閒花野草漫連天。莫胡言。　獨坐洞房誰是伴。一爐煙。閒來窗下理琴弦。小神仙。」後忽改操，私昵潘必正，故于湖友也。遂以計斷歸潘偕老焉。按：此詞峻而不厲，在于湖亦臨去秋波也。（卷八，第 27 編，第 5649 頁）

義伶

徐牧齋《記義伶蘭官事》云：闌珊北里之花，爛熳南薰之曲，每歡人之好尚有不同者。然而薰香傅粉中，大有人在，如李桂官之俊眼、魏琬卿之狹腸，人盡知之。更有蒙寵愛於生前，全孤寡於生後，如某蘭官者，其尤足傳矣。蘭官，忘其姓，相傳為川東人。幼隸梨園部，心性明慧，丰姿韶令，尤精度曲，為燕蘭譜中後起之秀。時有楚南某孝廉，充景山教習，於歌樓中一見心傾，遂訂三生約。蓋孝廉故饒於資而深於情者。未幾，教習滿期，出宰

河陽，攜以俱去，以其辦事了當，派司閽。蘭官雖豔如桃李，而冷若冰霜，遇事每敢言直諫，漸為同事擠排，主人亦習愛成憎。遂幡然告假，首索千金之贈，泣拜而去，不通音問凡六七年。誰知櫻桃不種，蔓草易滋。功名則如日烘花，事業亦如湯沃雪，旋因軍需案牽涉，竟被瓜蔓之抄，遂攖茉莒之疾，抑鬱以終。斯時也，奴星盡散，老僕僅存，煢煢八口，留滯省垣。雖饔飧不給，無有過而問者。一日，忽有裘馬翩翩排闥而進者，則蘭官也。入門大吒曰：「繁華忽變，好夢難回，一至於此。」老僕引見主人之母於堂下。孝廉祇一子，甫垂髫。一見曰：「此幼主耶？」執手潸潸淚下，遂出橐中金，為之料量歸計，整頓行裝，偕老僕護家口，扶靈柩，間關千餘里，自洛陽抵於長沙，擇地安葬。就近置宅一區，買水田二百畝，俾老僕奉主母、幼主以居焉。事畢，主母勞之，則曰：「此皆老主故物，與奴婢何力之有！」遂泣拜其主之墓而去。初，蘭官挈千金資，並未回家，為浮梁販茶客，權子母，積盈餘，若預為主人身後家口計。其用心又何深且遠也。嗟乎！金丸易冷，翠被猶溫，禍雖慘於焚巢，情獨深於完卵。以視世之盟寒車笠，誓負死生，其有愧於斯伶多矣。謂之曰義，誰曰不可？（卷八，第27編，第5654〜5655頁）

張功甫

張功甫鎡，循王諸孫，能詩，一時名士大夫莫不交遊。其園池、聲妓之麗甲天下。作駕霄亭於四古松間，以巨鐵絙懸之空半，當風晨月夜，與客梯登之，飄搖雲表。王蘭卿侍郎嘗赴其牡丹會，云：「眾賓既集，坐久，虛堂寂無所有。俄問左右：『香發未？』答：『已發。』命捲簾，則異香自內出，鬱然滿座。群妓以酒肴絲竹次第而出。別有名姬十輩，皆衣白，首飾衣服皆牡丹，首帶照殿紅一枝。執板奏歌侑酒，歌罷樂作乃退。復垂簾談論自如。良久香起，捲簾如前，十姬易服與花而出，大抵簪白花則衣紫，紫花則衣鵝黃，黃花則衣紅。衣與花凡十易。所謳者皆前輩牡丹名詞。酒竟而散。(《閒情小品》)（卷九，第27編，第5708頁）

優人善謔

優人李可及善諧戲。嘗因延慶節，緇黃講畢，次及優倡為戲。可及褒衣博帶，攝齋升座，稱三教論行〔衡〕。一人問曰：「既稱博通三教。釋迦如來是何人？」對曰：「婦人。」問曰：「何也？」可及答曰：「《金剛經》云：『趺坐而坐。』非婦人，何須夫坐然後坐也！」又問太上老君何人。對曰：「亦婦

人。」問曰：「何也？」曰：「《道德經》云：『吾所大患，以吾有身。及吾無身，吾有何患。』非婦人何患於有娠乎？」又問文宣王是何人。曰：「亦婦人也。」問者曰：「何也？」曰：「《論語》云：『沽之哉，我待價者也。』非婦人，奚待嫁為？」上大笑，厚賜之。（《群居解頤》）（卷十一，第 27 編，第 5762頁）

戲臺

湯芷卿（用中）齔尹曰：少時在蘇州官司馬懋斌座中。閽人入曰：「魏二尹至。」俄一人縹縹急裝入，相揖就坐。官喜曰：「君至，我等又可看戲矣。」魏遜謝，官命從人預備。時方未初，乃以厚氈蒙廳側一室，拉魏及座客同入。魏嚮壁喃喃持咒，壁上現白光如鏡，旋轉數周，鏡中一小戲臺。臺上懸燈千百盞，拳如橘如，累累相貫，一室通明若畫。旋見鬼門內人影往來甚夥。魏請客點戲訖，上臺開場，生旦淨丑各盡其妙。至十六七齣，魏曰：「夜深矣。」向臺上吩咐撒鑼，燈燭盡熄，戲臺亦隱，惟白光旋轉壁上，移時始滅。（卷十二，第 27 編，第 5812～5813 頁）

許善長等

許善長（1823～1889後），字季仁，別號玉泉樵子、西湖長，浙江仁和（今杭州市）人。早歲受祖父母薰陶，擅吟詠。優貢生，歷官至江西建昌、信州知府等。清代戲曲家，作有傳奇《瘞雲岩》《風雲會》《靈媧石》《神山引》《胭脂獄》《茯苓仙》，合稱《碧聲吟館六種》。

茲據清光緒間刻《碧聲吟館叢書十種》輯錄。

《瘞雲岩》傳奇序*

天地，一情區也；古今，一情界也；男女，一情種也。無論才士、英雄，即俗流、傖父亦有之；無論貞資、烈質，即淫女、陋婦亦有之。顧或正用之而為深情，為癡情；其邪者則為縱情，為淫情。而其情之或正或邪，用情者又不能自言也。自後世才士多情，本國風言情之旨，按譜選聲，倡為歌曲，取其情之或正或邪，曲為摹傳，惟妙惟肖，而正者流芳，邪者貽臭。寫兒女之私情，即以定正邪之公案，孰謂詞曲為小道哉？雖其間悲歡離合類多參差，或一合而不離，或一離而旋合，或偶合而即離，而且永離，情也，而數存焉。夫以云之玉貌冰心，葳蕤自守，困頓漂流，屢抗強暴，其欲得同心事之久矣。而洪君以倜儻豪邁之姿，雅歌緩帶，儒將風流，其一見鍾情，贈佩訂盟，人也，即天也。乃天既生之而不卒成之，即暫成之而復終棄之。阨於橫逆不死，瀕於兵戈不死，而猝戕於非意所及料之物。兩美必合，古今來竟不能實此一言，豈天之果不情哉？實天之深寄情於兩人，以待多才多情者之寫其情、傳其事，播為千秋佳話也。僕居賤食貧，碌碌株守，於詞曲素未究心。冬杪遊獅江，晤饒枚，訪太史，言及西湖名流玉泉樵子著《瘞雲岩》一書，遠近傳

-425-

鈔，爭先快覩。僕請於太史，得盡讀之。事多徵實，語必生新。其寫洪君也，則一往而深，纏綿宛轉，如游絲一縷，無限低徊也。其寫愛娘也，則百折不移，淋漓悲惻，如鏡花水月，不染一塵也。其寫豪俠諸君也，則遙情畢揭，渾厚和平，清超拔俗，如成連海上，使我情移也。其寫流蕩之輩也，則諸醜備陳，嬉笑怒罵，亦雅亦諧，又如秦鏡高懸，魑魅魍魎形神逼肖也。千錘百鍊之中，具細針密縷之致，三河少年、幽燕老將各擅勝場。作者洵有心人哉，足以維持風化而主持風雅矣。其與《桃花扇》《香祖樓》諸傳本其文、其事、其人並堪千古。作傳奇觀可也，作正史讀亦可也。還憶燈前月下得意揮毫，攄闡揚之隱念，發悲鬱之幽情，香魂冉冉，有不感慨歔欷，低鬟下拜者乎？顧或謂：「虞、賈等輩何足掛齒頰；愛娘雖齎恨輕生，泉臺抱憤，而玉佩猶存，銀蚨尚在，洪君見物如見人，天上人間，兩心相印，又何必形影相親，始為同心耶？獨憾老鴇梟惡為心，狼貪成性，凌虐荼毒，身受難堪，致令國色捐身，英雄短氣，實有令人痛心疾首者。」僕曰：「噫嘻！是宜取洪君殺賊刀，斷頭瀝血，祭愛娘之墓，庶足少伸義憤，而一泄幽鬱之氣歟。」異日者被諸管絃，於一丈紅氍毹上妝點描摹，循聲按節，嘉俠士之深情，弔佳人之薄命。僕倘獲侍諸君子後，俯仰縈回，百感交集，更當浮三大白以酬之。

南屏鄭忠訓懋齋甫序，時在庚午仲冬月下澣。（冊一，第 1～3 頁）

又序*

夫蒼生望重，東山不廢絃歌；白紵詞成，中禁遂傳聲韻。天籟送廣寒仙樂，拍按霓裳；風流演絕代佳人，制裁雲錦。故《四絃秋》裏，琵琶彈商婦之愁；《一捧雪》中，刀劍壯名姬之色。園開翡翠，俠女停蹤；記寫鵑紅，才人飲恨。事苟可歌而可泣，人皆斯愛以斯傳。況燕子樓閒，人比黃花更瘦；女郎墳上，心偕紅草同枯。學裝束於大家，明璫翠羽；露英雄之本色，緩帶輕裝。所謂伊人，風神獨絕；不有佳句，心事誰傳？此玉泉樵子必重翻水調於生花，俾水月觀音，得盡現金身於荃草也。玉泉子煙霞作骨，星斗羅胸，壓元白之驚才，吐蘇黃之豪氣。呼鷓鴣而不愧，賦鸚鵡以奚慚？問誰是我賞音，甘儕梐散；何必盡人解道，才識方回。月額供錢，小試捫天之手；江心鑄鏡，細磨浣雪之腸。句陋《十香》，觸閒情而罷賦；詞工三影，藉逸事以攄懷。慧拾牙間，笑若輩才皆碌碌；毫添頰上，為斯人喚起真真。固已妃白儷黃，極文人之樂事；裁紅刻翠，傳閨閣之柔情矣。獨是太史俫風，語歸忠厚；

詩人詠物，意在表章。芍贈蘭投，三百篇雖存溱洧；荇流菜芼，十五國必首河州。設閨房有甚於畫眉，而筆墨即因之添足。矜奇炫異，瑤思煩乙乙之抽；蕩魄驚魂，綺語作庚庚之露。摹莫須有之三字，舌走風雷；證將毋同之一言，心搖花月。淫哇滿耳，繪形則事等秘辛；豔語撩人，設色而智欺餘子。虛虛實實，係王孫芳草之思；色色空空，鬥妃子名花之豔。誤聰明於有用，文瀾縱漾以千尋；顯法力於無邊，孽海總歸之一炬。惟其有矣，毋乃慎乎？而茲則刻畫麗娃，筆騰俠氣；范模儒將，輪轉迴腸。颯颯英風，斫倚天之長劍；噥噥軟語，瀉激水之哀弦。春宵買如水之年，黃金亂擲；夜月解臨皋之佩，青玉曾拋。小鳥依人，掌上作回風之舞；啼鵑志恨，眼中添滴血之痕。續命無絲，冤銜金玦；返魂乏藥，殮合玉魚。無不慢度聲聲，訴離恨於哀絲豪竹；雙聯字字，顫驚魂於急管繁絃。化朽腐為神奇，敲金戛玉；走雷霆之精銳，摘宋薰班。減字偷聲，舊調盡翻柳絮；移宮換羽，新詞直續桃花。譜幽怨於綠窗，秋水逗蛾眉之恨；寫妙詞於黃絹，春燈笑燕子之箋。允為白石之嗣音，詎讓黃熙而獨步。僕斂唇抵齶，六韻難分；刻肉吹絲，九宮莫辨。按人月雙圓之曲，衹益酸心；唱家山入破之歌，不堪回首。擬倚聲而正譜，觖舌貽羞；望饌玉以炊金，鴻文欲範。嗚呼！翦彩作渡迷之寶筏，擲地成金；鋪菜揚不染之心香，補天煉石。倚牆偷學，有人攄笛而來；畫壁爭詩，彼美低鬟欲拜。三更楊柳月，徒拈紅豆以相思；一闋荔枝香，願讓青衣而正拍。

白下楚遺王天璧題於獅江之寄傲齋。（冊一，第4～6頁）

《瘞雲岩》傳奇題辭

班密張腴，荀心宋骨。五百篇風流競秀，無非黃絹之詞；三十韻聲調胥諧，請按紅牙之拍。奇文共賞，韻事韻人。作者既一往情深，閱者那禁低徊欲絕也。並得二十八字書後：離恨綿綿莫問天，紅顏黃土我猶憐。憑誰乞取鴛鴦牒，為結來生未了緣。

長沙黃明灼子俊。

南曲譜自九宮，下里流為十種。引商刻羽，漫衍新聲。選韻徵辭，難言雅唱。讀雲岩之數闋，儼水調之重翻。雜誦迴環，詠歌擊節。鍾鏞振響，瓦缶無聲；珠玉騰輝，砝砆失色。小巫見大巫而咋舌，藏拙為工；東施效西施以捧心，爭妍反醜。唯荷菲葑以逮下，敢揚糠粃以在前。勉弁數言，未免佛

頭著糞；謹成七律，還祈郢鼻施斤：耆卿纖豔子瞻豪，掃盡淫哇格調高。傾國名花新樂府，美人香草續離騷。玉埋此日題蘇墓，佩贈他年話漢皋。紙貴洛陽傳誦遍，手抄脫腕敢辭勞？

南豐黃煦霽亭。

彩筆描摹一縷情，喁喁兒女話三生。曉風殘月紅牙拍，不比關西鐵板聲。
剩粉零脂付管絃，亭亭倩女已如仙。檀郎從此應銷恨，莫灑啼痕向碧天。
益信詞人化筆工，繞樑聲逐杜鵑紅。愛雲當醒梨花夢，劃斷癡情付碧空。

善化吳綏榮麟周。

一甌香茗讀清詞，勝飲葡萄酒幾卮。動墨難銷才子氣，拈毫替寫美人思。
落花過眼空餘夢，芳草多情不厭癡。何敢較量空擬議，旗亭風趣想參差。

婺源李昭煒蠡尊。

黃絹才高海內傾，雷霆精銳雪聰明。鍾鏞不作箏琶響，珠玉真隨咳唾生。
楊柳曉風傳逸調，江東鐵板唱新聲。從今菊部翻歌譜，一曲霓裳字字清。
一幅佳人薄命篇，紅顏墮溷實堪憐。蜂狂難使芳心改，鴆毒悲將玉質捐。
贈佩自含情脈脈，題碑長此恨綿綿。淋漓大筆為雕鏤，好把離愁付管絃。

鉛山饒佩勳枚訪。

才子佳人信有之，多情薄命竟如斯。饒君一管生花筆，寫盡風流旖旎詞。
萬緒千條意不窮，雲亭玉茗筆兼工。想當刻羽調宮候，中有靈犀一點通。
疑色疑空任自憐，一時齊唱奈何天。淋漓大筆憑揮灑，定有香魂拜座前。
回書宛轉竟成空，此恨綿綿結寸衷。百折千回摹寫遍，一聲聲似怨秋風。
好句如仙脫口新，幾回讀罷幾愴神。怦怦我亦增愁思，同是天涯落拓身。
無端忽作不平鳴，兒女英雄並寫生。願得棃欘鐫萬本，徧傳海內判貞淫。

上饒鄭忠訓懋齋。

金粉家山鐵石腸，天涯淪落恨茫茫。蓮花一朵天然淨，便認青泥作道場。

－428－

離鸞別鵠譜深情，吹竹彈絲助歡聲。北里新聞南董筆，用心溫厚輩苕生。

忠州李士棻芋仙。

不數微之又牧之，自家按拍自題詞。名花命薄還多幸，付與才人筆底知。
兒女英雄等聚漚，詞場南董自風流。一篇豔史傷心曲，傳遍梨園菊部頭。

歸安甄貺月帆。

戍還好倩拂征塵，不見江皋解佩人。縷縷恨纏才子筆，新聲淒過秣陵春。
拍遍長歌復短歌，依稀舊事未銷磨。洞簫才撅聽如訴，說與人生哀樂多。

山陰萬同倫仲桓。

紅顏白骨自荒邱，逸事何人說故侯？傳出《瘞雲岩》一曲，英雄兒女各千
秋。

南海潘衍桐繹序。

曾聽當筵一曲歌，冰肌玉質久消磨。名花去後春如許，為數年華感慨多。
幸有淋漓大筆傳，紅顏黃土已知仙。個中無限傷心事，都託鴻篇付管絃。
一回摹擬一精神，婉轉纏綿為寫真。十二闋詞吟詠遍，溫柔敦厚是詩人。

南城周友檀卓園。（冊一，第 7～11 頁）

《瘞雲岩》傳奇題詞

金縷曲

來泊獅江宿。是何人、曉風殘月，為翻新曲。我亦頻年嗟落拓，歷盡悲歡
歌哭。便合擬、嬌藏金屋。不信人間無限恨，卻偏教、金粉傷心目。情滿紙，
從頭讀。　　引商刻羽何曾促。歎年來、茫茫塵劫，紅羊偏酷。天意從來高難
問，青冢黃壚誰續。看無數、灰飛煙沒。兒女英雄千古事，賴才人、為爾傳風
骨。休悵恨，埋香玉。

衢州張德容松坪。

－429－

滿江紅

浪走天涯，是到處、馬蹏車轍。空想煞、綠蕪紅豆，年年拋撇。鼓角驚殘征戍夢，黃昏吹落關山月。把別離、情事數從頭，眠不得。　　割不斷，同心結。滴不盡，相思血。對青燈孤影，欲明還滅。雁鯉不來人已杳，衾裯空剩情難絕。問蒼天、良會續前緣，何時節。

嘉興吳昌言穎函。

滿庭芳

鐵笛聲悲，銅琶音壯，往事豔說高唐。英雄兒女，離合歎何常。漫道埋愁莫訴，才子筆、能闡幽芳。真堪羨，巫山多幸，千古烈名揚。　　思量欲補恨，蒼天杳杳，大地茫茫。況焦桐，未遇一樣淒涼。白雪陽春孰知，澆塊礧、只藉壺觴。暢好是，沉酣風月，三萬六千場。

錢塘汪曰賓子嘉。

虞美人

飄茵墮溷全無準。說甚殘金粉。悲笳聲裏落花風。付與子規枝上、血啼紅。　　幾生修到姜夔筆。譜入梅邊笛。桃根桃葉總心酸。難得琵琶卻遇、白香山。

溶儀周慶昌禹言。

滿江紅

應悔多情，空賺了、天涯淪落。更誰料、桃花入命，比花還薄。冰雪未教風月涴，鴛鴦才訂相思約。奈烽煙、驀地挾愁來，傷漂泊。　　盼不到，音書確。挨不過，娘心虐。拚斷盡柔腸，杜鵑聲惡。愛惜每深豪俠感，輪迴欲訟閻羅錯。縱登場、鼓板也淒涼，難為樂。

江寧潘敦儼清畏。

一翦梅

青冢紅樓一夢中。笑向春風，哭向秋風。分攜深悔太倥傯，難得重逢，怕憶初逢。　　不是清商訴曲衷。歡也無蹤，恨也無蹤。嬌鸞麼鳳分樊籠，無意

相同，不意相同。

山陰萬同倫仲桓。

滿庭芳

鳳管吹酸，鴟弦撥斷，悲來都入淒吟。玉人何處，孤月自花陰。未遇封侯夫婿，珠簾影、鼙過春深。眉蹙損，燕拘鶯管，蕉萃怎生禁。 驕驄留不住，江干鞞鼓，驚破同心。剩酒澆，黃土魂去青林。乞取春風詞筆，傷心語、嗚咽成音。英雄老，徵謌選舞，往事筭重尋。

前人。

金縷曲

淚灑西江雨。歎蒼茫、天荒地老，瘞愁如許。卻怪採花衣袖裏，拋作隨風墮蕊。枉用說、提戈逐虜。腰下龍泉三尺劍，不扶危、何事存君處。持此詰，應無語。 青山飲恨成終古。劇淒涼、斜陽衰草，鵑唳如訴。試問墓門寒食節，誰弔香魂一縷。忍回憶、當年歌舞。淪落琵琶千載恨，莽潯陽、半是無情土。賴詞客，調重譜。

長沙王先謙逸梧。

滿江紅

落日無情，猶照徹、青蕪一片。曾記得、東風倚笑，花如人面。解贈暗留神女佩，棄捐肯學班姬扇。誓今生、白首結絲蘿，無中變。 郎何事，從征戰。妾何日，重相見。盼天涯信杳，闌干倚徧。冤恨已成填海鵲，離魂悔作棲梁燕。歎巫山、從古瘞愁雲，空悲戀。

南海潘衍桐繹庼。

金縷曲

紅灑桃花雨。淚斑斑、啼痕滿紙，杜鵑聲苦。夫婿封侯空有願，楊柳牽絲不住。翻變作（去）、浪萍風絮。揉得春光如粉碎，悔當初、牢繫金鈴護。腸斷也，一抔土。 情天陷誰能補。歎聰明、總輸聾啞，到頭都誤。多少青衫同寄慨，一樣傷心未遇。平白地、反招疑妒。福慧雙修曾幾見，竟綿綿、此恨

成今古。原不獨，騃兒女。

錢唐汪綏之佩珊。

前調

聚散無非數。忽然間、分鸞拆鳳，斷歌殘舞。去既難從留不可，到底終歸兩誤。縱絮絮、空談何補。畢竟男兒多薄倖，任飄零、弱柳隨風姤。驀地起，戰場鼓。　　封侯本是英雄路。問此際、如花美眷，倩誰為主。情重功名輕惜別，總算紅顏命苦。更忍見、愁雲慘霧。以死報君君莫恨，料茫茫、孽海何能渡。天杳杳，銷魂處。

上海蕭雲經卿臺。

玲瓏四犯

此恨綿綿，問鏡裏紅鸞，春光何短。傲骨芳心，結盡萬愁千怨。叢殘翠匣珠鈿，葬獅江、歲時淒戀。最堪憐、寒食清明，淚灑桃花片片。　　美人香草增繾綣。誤姻緣、他生再見。愛海塵根今割斷，一笑輪迴轉。棱棱風骨如生，再休說、蓮花泥踐。新翻十二闋，傳神曲曲，紅氍試演。

南城劉鳳儀虞九。

金縷曲

把酒青天問。果何為、傾城傾國，沉淪自分。金谷墜樓千載事，一樣柔情怨忿。空想像、玉釵清韻。今日俸錢如許積，奠清齋、一點難沾醑。兒女淚，應頻扱。　　人間天上心心印。最淒涼、筆花楮葉，靈犀默運。自古情天難補恨，賴有新詞解慍。我疑是、芳心未燼。報國勳名原有願，想重泉、脈脈期精進。青鳥逝，憑取信。

湘陰姚暹智泉。

綺羅香

兒女癡心，英雄情膽，血淚濺紅花瓣。底事拚生，忒把韶光看賤。便算是、金屋魂銷，那抵得、青樓腸斷。任年年、春色撩人，夢遊怕到雲巢轉。　　埋愁香冢咫尺，一帶蘼蕪煙冷，杜鵑啼怨。舊恨纏綿，化做雨絲風片。使昔也、

桴鼓催征，為夫婿、封侯助戰。何忍教、鈿碎珠沈，累謂喉哽咽。

新城陳景謨葆珊。

長亭怨慢

已難剪、離愁千縷。子夜招魂，斷腸無數。負了卿卿，杜鵑聲裏奈何許。情深緣淺，應自悔、浮名誤。忍憶舊歡場，更忍憶、臨岐吩咐。　　無語。笑媧皇鍊石，此恨料應難補。青天碧海，問環佩、歸來何處。付彩筆、譜入冰絲，寫不盡、風淒雨楚。只留得芳名，喚起真真能否。

嘉興汪熙敬芷卿。（冊一，第 12～17 頁）

愛雲小傳

愛雲姓夏氏，小字馨兒，金陵良家女。癸丑城陷，父母昆弟沒於賊。時雲九歲，為披甲人賣歸錢氏，遂落風塵，由武林遷居河口。年始垂髫，質殊妍潔，人每以明珠、仙露比之。雅歌侑酒，名重一時。恒以置身卑辱為恥，性高傲，雅不合時宜。己未歲，有大賈出纏頭金，求一夕歡。母利之而雲不可，強之輒飲泣。大賈憐之，曰：「誤以風塵視子矣。」遂去。從此車馬闐門，愈增身價。而雲泊如也。余因客邀飲，慕名招之來。一見歡若平生，似前身有香火緣者。於是花晨月夕，每遊必偕。荏苒三年，未嘗不怦怦心動。一夕醉後，謂余曰：「連宵風雪，妾頗畏寒。」撚帶含羞，令人魂魄飛越，因訂盟焉。雲見人嘗冷顏不為禮，余每勸之。雲曰：「生前不知作何罪孽，致使身辱泥塗，豈猶望明珠十斛，作金屋藏耶？願得一情長者事之，足矣。」友人諶麗川，豪俠士也。見雲輒擊賞，雲亦心折其人。會同人啟群花宴，雲連引數十觥，玉山頹矣。忽挽諶君入他室，長跪以泣，不能成聲。諶驚訝，詢其故。乃哽咽曰：「君與某為莫逆交。雲之深衷，當已盡悉。乞向阿母一言，早脫火坑，生死無敢忘也。」諶唯唯，而其母狡詐，必不允。雲忿急欲絕，出白玉琚贈余曰：「皎日之誓，死生弗忘。」迨冬杪，寇氛偪近，防剿奔馳，未遑顧及。雲隨母倉皇西下。嗚呼！此即永別時也。事定後，聞雲寓居吳城，數致函詢，僅獲一報，有「今冬返棹獅江，重尋故好」之語，心竊冀之。乃雲所至輒得名，貴介、紈綺爭以一見為幸。值酒後調笑，失措大歡；無賴子從而構釁，幾破家。復遷章門。雲既遭挫辱，又受母刑，自分不能瓦全，遂仰藥死。是日，諶適在側，百方莫救。同人劇〔醵〕金收殮，所費不下千金，葬

－433－

於章江門外。報書寓余，輕騎馳往哭之。題其墓曰：「人淚桃花都是血，紙錢心事共成灰。」並續《長恨歌》紀事。元微之詩云：「同穴杳冥何所望，他生緣會更難期。」三復斯言，泫然涕下。

柳江情癡子箸。

附錄：愛雲回書

別後，時聞信郡有警，離恨與懸念同深。而君久無隻字寄知，益恐落花有意、流水無情矣。轉切自傷。頃奉八月十日手書，知尚不忘夙約，幸何如之；並悉鞍馬叶吉為慰。妾生無傲骨，苦乏媚容，誰能鑒我苦衷而加憐惜？是以在吳半載，迎送依然，每當燈灺酒闌，自嗟薄命。諒知心人亦隱為關切也。且其地為善惡雜糅之鄉，內則官符滋擾，外則兵勇橫行；迭次遷移，居停靡定。擬今冬返棹獅江，重尋故好，則花開連理，蔦蘿得依松柏之陰；帶縮同心，衾枕尚甘雞蠅之夢。真個鴛鴦牒下，新婦得配參軍；或同翡翠屏前，佳人終屬才子。言念及此，惝怳何如！奉上番人二員，謹將來意；深願情緣再結，永訂後期。秋末冬初，寒來暑往；萬望珍重，實慰私懷。

順請勳安，伏惟心照。

愛雲謹啟。

甲子九月十八日。（冊一，第 18～20 頁）

跋

作者愛讀孔季重郎中《桃花扇》，而鄙棄《笠翁十種》，故其為文，以細意熨貼為主。此作不半月而成，是其率意之筆。然建安之藻采、齊梁之華腴、元和之古淡，無美不臻。捧讀一過，儓評眉間；寸莛擊鍾，難宣秘奧。謹志數語於篇末。至為左思作序，皇甫謐亦云豈敢。

庚午穀雨節海陽逸客書於獅江寓齋之小停雲館。（冊一，第 27 頁）

《臙脂獄》傳奇序*

余既成《神山引》八齣，觀者謬加許可。或曰：「子以《隨園詩注》云康熙十五年事，信以為真，因有是制，然神仙之說究屬渺茫。《聊齋》內《胭脂》一則，層折頗多，奇冤超雪，且有施愚山先生一判，膾炙人口，事更徵實。何不

譜之？」余唯唯，歸取蒲志，細加尋繹。讀至公討其招供，反覆凝思，拍案曰：「此生冤也！」其冤在何處，並未明言。掩卷代思，恍然有得。宿介假無心之詞，問女家閨闥甚悉。初次踰垣，直達女所，何至二次誤詣翁舍？迷妄如此，前後顯係兩人；以是知其冤也！若毛大者，兇殺之際，已遺繡履於牆下，脫然而去，毫無贓證；非若《釵釧記》之釵釧在韓時中家，可以計賺；《十五貫》之釵得於鼠穴，可以智求。設非愚山先生託以神明，加以愚弄，直不能指其實以罪之。甚矣，聽訟之難也！吳公訊出宿介，釋鄂拘宿，遂成鐵案，共稱神明。其誤在得情則喜，遽曰：「宿娼者無良士，踰牆者無所不為。」二語非莫須有乎？果再詳思而細審之，當亦有所得。異史氏曰：「棋局消日，紬被放衙，……曉曉者以桎梏靜〔靖〕之。」此輩何足論！如吳公者，尚不能無議，何況其他。因為《胭脂獄》院本十六首，於《繹供》《提鞫》二齣，特申明蒲志未詳之意旨云。

光緒甲申春日玉泉樵子自敘。（冊二，第1～2頁）

《茯苓仙》傳奇序*

神仙，遊戲者也；神仙而至麻姑，則尤神仙之遊戲者也。傳奇，遊戲者也；傳奇而傳麻姑，則尤傳奇之遊戲者也。雖然，事不奇不傳；傳奇而筆不奇，則又無可傳。為麻姑爪而癢處難搔，為方平鞭而疼處易著。噫！傳之難，奇之難也；奇之不難，實傳之難也。神仙也，傳奇也，則亦歸於遊戲焉可也。

光緒丙子冬仲玉泉樵子戲筆。（冊三，第1頁）

《茯苓仙》傳奇題辭*

至道本無為，真仙不露相。狡獪笑麻姑，已先落塵障。肆筵蔡經家，鞭背頻誚讓。西池復獻壽，紛擾更無狀。太虛方冥冥，淋漓墨池漲。不得意才人，遊戲恣狂放。何當攜酒來，喚彼紅兒唱。一笑姑聽之，心飛雲漢上。

昆明汪世澤少谷。

文人狡獪神通耳，潑墨何殊仙擲米。擲米成砂墨為雨，落紙煙雲欲飛舉。平原太守去不還，玉泉樵子留人間。前後文章藏石室，千秋盛業麻姑山。我今疾不乞松根，藥癢不倩麻姑搔。願從陳尉去驅鬼，差免隨人如桔槔。

歙縣鄭由熙曉涵。

狡獪農家女，逍遙上界仙。偶然舒指爪，堅坐看桑田。小字蠅頭記，長空鶴背煙。南城山下踏，懷古一停轎。

嘉興張鳴珂玉珊。

滄海桑田滿眼前，幾人背上著仙鞭。世間萬事皆遊戲，擲米何妨學少年。

青山寥落古壇秋，魯國文章片石留。併入西江新樂府，紅氍毹上唱仙遊。

獅子江濱榷算緡，麻姑山下宰官身。至今重聽歌楊柳，老矣旗亭畫壁人。
（叔曾製《瘞雲岩》曲，河口猶有能歌者。）

街頭野馬飛揚處，甕底醯雞得意時。怕與癡人爭說夢，閉門一笑製新詞。

許德裕韻堂。（冊三，第 1～2 頁）

跋*

此家大人光緒丙子歲權守建昌，秋間卸篆後，登麻姑山，飲麻姑酒，感興而作也。嘗諭德滋曰：「梨園搬演各劇，未見麻姑仙一上氍毹，此亦缺陷。」歸舟無事，倚篷按譜，成四五折。旋省後，酬應坌至，遂爾閣筆。至冬月始足成之，凡十四折。篇中腳色，按《麻姑仙壇記》及《建昌府志》考訂詳晰，皆實事無假借也。惟《獻籌》一折，《西王母傳》中有王方平而無麻姑，世俗繪畫家嘗作《麻姑獻籌圖》，祝壽者從而附會之；亦欲於冷淡中略加渲染，以新觀劇者之目，非屬入異說也。

男德滋謹識。（冊三，第 54 頁）

《靈媧石》序*

夫中兩殊稟，畢訖合誼。慨妾婦之有道，識巾幗之當遺。妙察所均，閨態非病。矧河間軼事，僅憶談娘；豫章僑人，熟聞《子夜》。老婢之聲可作，女郎之詩自傳。碧聲館主鶗鴃不鳴，鴛鴦若待；醇酒觸緒，香艸留詞。靡曼施之芳澤，華丹箸其窈窕。冰霜萬里，雷霆一呼，忘刻畫而戒唐突，黜孿孽而尚貞義。方斯須目，繹彼德容。洵乎拂鑒回影，與隴廉釋情；列錦辨文，令闉嫿吐氣者矣。茰佩初結，楸勝乍飛。呼《秋水》而識莊，誦小山而感屈。裙帶何處，癡絕望塵；彄環忽成，悵深係霧。異時韸流玉撥，制想銀泥。惟覺眾篇並作，

有上官採麗益新；詞理無滯，隨太守心形俱服而已。

癸未九月憨僚。（冊四，第 1 頁）

《靈媧石》題辭

　　昔聞人化石，今借石傳人。一片煙雲幻，千秋面目真。名姝留小影，明月認前身。步步虛靈鏡，先生筆有神。

昆明汪世澤少谷。

　　僝風僽雨碧空破，補天不牢石飛墮。墮地化為形影神，妍者媸者態畢真。為忠為孝為節操，衣冠罕比巾幗倫。詞人亦具造化手，甄陶松煙入虀臼。故是坡老操銅琶，肯逐耆卿歌楊柳。米顛拜石石不樂，先生寫石石能活。乾坤撐拄完堅貞，不是人間摶土人。

歙縣鄭由熙曉涵。

　　巾幗鬚眉媿，零璣鍊女媧。纏綿託忠愛，歌哭見才華。樂府千秋業，優曇一霎花。何當喚雙鬟，尊酒侑琵琶。

嘉興張鳴珂公束。

　　吟館詩成手自編，女師一卷又新傳。蛾眉心事留文藻，麟筆精神入管絃。歷宦情知蟬翼薄，憐才心似繭絲圓。可能更製霓裳曲，回首觚稜隔眾仙。

應山何煥章端甫。

滿江紅

　　摘豔薰香，要比作、千秋奩史。亦不是、情天寫恨，欲都誇美。窈節同湔脂粉習，姱音待砭箏琶耳。想連宵、彩筆吐穠華，光簪珥。　　門前過，妻顏泚。墻間乞，閨人恥。歎古今多少，鬚眉泥滓。解穢無須撾羯鼓，揚芬且自搴洲芷。鍊雲根、補此漏蒼穹，存微旨。

德清許德裕韻堂。（冊四，第 2～3 頁）

《靈媧石》序*

屈到嗜芰，劉邕嗜痂，性各有所偏也。佝僂承蜩，蛣蜋搏糞，情各有所專也。自古性情之用，未能執一。余之愛詞曲，無乃類是。暇輒為之。嘗與憨僚主人論列國名姝之可記者。主人曰：「元明以來，工此者多矣。如驪姬登臺、敫女進食，皆可排演，已先有為之者。」因與決擇，得十二人，均有關目可寓勸懲。余唯唯，燈前酒後，信筆揮灑。人事冗雜，不免作輟，逾月而始成篇。質之主人，主人曰：「遊戲之文，如是焉已矣。」因思同里項蓮生自序其《憶雲詞》曰：「不為無益之事，何以遣有涯之生？」余之為此，其亦此意也夫。

光緒癸未秋七月玉泉樵子自敘於碧聲吟館。（冊四，第 4 頁）

跋*

余初製此編，與憨僚擬議，擇可譜者譜之，勸懲兼寓，原無成心，非一律彰美德也。乃憨僚命名曰《女師篇》。出示同人，或曰：「十二人者不類。如伯嬴等十人，皆可為師；而西子為亡國之孽，鄭袖為工妬之尤，豈足並列？」余因更名曰《靈媧石》，似與本意無傷矣。或仍以為不然，必欲刪去此二齣。余不忍割愛，遂附於篇末，亦三百篇正變並存之意云爾。

玉泉樵子又識。（冊四，第 50 頁）

題辭

遭逢不險不成奇，海上神山忽到時。仙子島中生面熟，侍兒燈畔慧情癡。琴音激蕩魂猶悸，蝶夢惺忪世已移。我久厭塵思遠避，御空安得好風吹。

昆明汪世澤少谷。

神仙寂無為，有時尚聲氣。所親憩白雲，凡骨亦嫵媚。佳麗再世藥長生，琴弦譜出求凰聲。虛舟瞬息萬千里，子高歸自芙蓉城。為寫新詞上瑤瑟，如見仙人好顏色。安得胡餅恣豪啖，免被饑驅走阡陌。丈夫意氣殊不凡，破浪當如馬脫銜。鴻毛遇順等閒耳，肯借湘裙作布帆。

歙縣鄭由熙蓮游。

破浪驚魂定，神山縹緲間。側聞海濤曲，來叩白雲關。雞黍聯親串，鸞翅想鬚鬢，奇緣欣遇合，再世玉簫還。

嘉興張鳴珂公束。

入耳素琴鳴，奇緣意外成。仙凡驚異遇，嬋娟溯前情。海國波濤響，天風環佩聲。一宵神女夢，為爾謫瑤京。

苦憶庭闈隔，塵心未敢灰。湘裙貽六幅，高掛竟西回。錦瑟一朝御，玉簫再世來。良姻如此締，應不羨天台。

譜出神山曲，拓開萬古愁。宮商調一室，風雨過三秋。蒲志遣文考，珠崖逸事搜。如逢滄海客，抵掌說瀛洲。

秋諾仙家重，春懷世俗忙。怕將桑濮語，濫入管絃場。徵典惟其雅，言情獨擅長。一般兒女事，不似《會真》荒。

許德裕韻堂。（冊五，第1～2頁）

隨園神山引（原注：康熙十五年事）

陽生泛海海風作，千船萬船水中落。陽生抱得一桴浮，閉眼憑他駁浪流。日暮風停桴泊島，上有神山兩字好。金碧參差屋數間，分明玉指彈冰弦。花裏雲鬟驚有客，風中琴響漸闌珊。一人玉貌來相見，說住瓊州說姓晏。喜遇崔盧中表親，速張王母瑤池燕。夫人手整曉霞妝，道是兒姑第十娘。先詢阿母顏何似，再問眉際樹可長。不仗蛟蟠翻海水，那能骨肉會龍荒。山前山後教生到，煙草芬芳花月妙。生言歸去挈家來，姑母姑夫但微笑。取出青琴彼此彈，天風拂拂海漫漫。新成一曲雲仙謫，聽去雖難學不難。夜深珠露涼風竹，兩美雙雙樓上宿。只留小玉伴銀燈，未免偷桃學方朔。忽呼粉蝶聲如惱，驚去雙趺奔悄悄。聽得仙姑苦勸聲，塵心已動緣須了。不如折與小桃花，隨他春向人間老。明朝相見臉先紅，只說歸心一夜濃。仙郎餞別丹三粒，仙女親題信一封。豈不相留情款款，其如人世太匆匆。解下湘裙覆船上，道兒此去應無恙。萬頃琉璃六幅風，蓬萊不忍回頭望。漸漸鄉音入耳聞，迢迢清水變紅塵。滿城親故無多在，已過韶光十六春。衰年大母方愁疾，因由說罷同嗚咽。有壻攜妻採藥行，那知此日人天隔。細看裙是嫁時衣，一片香風卷雪飛。錢家生長初笄女，才說婚姻便相許。迎來果是舊娉婷，苦問三生記不清。偶然彈到雲仙謫，涕淚千行

－439－

尚怕聽。（冊五，第 5～6 頁）

跋*

仙風縹緲。把個人海外，吹入瑤島。月老多情，牽引藤蘿，紅絲扳住枝杪。深宵兩兩琴心逗，想暗裏、幽香盈抱。累蝶兒、粉褪煙消，隔斷一塵魂杳。　　無奈鄉關闊絕，便思覓舊侶，誰整歸棹。幸有仙娥，繫上湘裙，頃刻南來風飽。收藏藥裏兼胡餅，已早見、瓊山峰繞。更一年、曲譜團圓，為寫豔情新稿。調寄《疏影》。

玉泉樵子自題。（冊五，第 31 頁）

《風雲會》序*

嘗思《九歌》寄慨，託言香草美人；「四夢」傳奇，寓意名花傾國。詩以言志，歌以言情，大率類是也。僕幼耽聲樂，長涉詞章。月夕花晨，偶聯觸詠；雨窗燈牖，時託風謠。翻舊例於新編，攢幽愁為陳跡。寫英雄之氣概，豪邁逾常，摹巾幗之情懷，聰明絕世。偷聲減字，漫云望古興懷；低唱淺斟，聊復及時行樂。所謂祗可自怡悅，不堪持贈人者也。乃大慚大好，儗步昌黎；小叩小鳴，暫勞篥氏。不能為楊喬之閉口，詎敢望沈約之知心？嗟乎！白雪無聞，千古久成絕調；黃河遠上，雙鬟誰解高吟哉！玉泉樵子自識並繫以詞。

摸魚兒

撫幽懷、萬千隱恨，何人可與傾吐。持將一卷《離騷》讀，鎮日愁絲牽住。徒自誤。忽喚醒、癡騃拔劍仙仙舞。豪情快語。把烈士心腸，美人肝膽，躍躍筆端露。　　傷心事，屈指誰能細數。不須重與悽楚。差強人意團欒月，光滿綺樓珠戶。君莫妬。是玉殿、神仙暫向紅塵聚。相逢故侶。有曠世交情，衝天氣誼，奇蹟駭今古。

（冊七，第 1 頁）

伶人薙鬚

梁晉竹表兄《秋雨盦隨筆》載《鬚換銀米》一則，以為鬚之遭際甚奇。予官京師，確見四喜部有馬老旦者，還鄉久矣。忽來都門，同業者如獲至寶，以三百緡令割鬚，覆議包銀若干。時已六旬以外，每一掀髯，哄堂喝采，始知晉竹之言為不虛也。（《碧聲吟館談麈》卷一，第 14 頁）

歌伶楹帖

都門習俗，送歌伶楹帖，必嵌其號於首一字，多屬成語，巧妙異常，誠美不勝收。記其數聯云：「蝶銜紅蕊蜂銜粉，雲想衣裳花想容。」「蕊珠樓閣中天起，仙掌芙蓉向日開。」「雪即是詩詩是雪，卿須憐我我憐卿」（上句姜白石詩也）。「蘭澤多芳草，初日照高林。」「玉韞山輝，珠懷川媚。」「如花美眷，似水流年。」予集曹子建二語云：「葵心傾向日，秋氣轉微涼。」其門對之佳者，曰：「春為歲首復見天心，棣通萬物華隨四時」「蓮花比君子，清氣來故人」，已自然巧合矣。乃有倚云者，入其室，懸一聯云：「香草美人奇士所託，紙窗夜雨云誰之思。」是又別成一格，奇想天開，可謂靈心妙手。（《碧聲吟館談塵》卷一，第 16 頁）

文章失體

邱瓊臺濬、王三原恕，皆明之大賢，同立朝，每不相能。王謂邱作《五倫全備》傳奇，有傷風化，失文宗體。邱謂王自刊章疏，彰君之過，失大臣體。（《碧聲吟館談塵》卷二，第 6 頁）

歌伶軼事

何介夫前輩談及歌伶梅巧林〔玲〕者，字慧仙，有肥環之稱，梳裹登場，富豔奪目。與溫某交最深，聞溫死，擬撫棺一慟。而溫弟味秋（忠翰），壬戌探花，素方古。憚其阻撓，未敢遽往，倩介夫為之先容。如不可，必於殯之日設路奠。介夫請再三，味秋始頷之，云：「來祭則可，我不能見。」介夫曰：「是毋庸，我為款洽可也。」至日，慧仙至，一身縞素，未至靈前，痛哭而入，悲動左右。味秋在內聞之，不覺悲從中來，亦痛哭而出。相對汍瀾，半晌收淚，各相慰藉而別。可見人孰無情，惟有至性，乃有至情。手足悲哀，至性也；交好慟哭，至情也。以至情觸至性，欲頃刻遏抑而不可得。味秋至性，慧仙至情，適然相值，彼此忘形。人以為怪，余以為恒。（《碧聲吟館談塵》卷二，第 19～20 頁）

拙宜園樂府

海鹽黃韻珊孝廉（燮清），少年才華藻贍，騰譽一時。學使陳碩士先生（用光）賞其詞賦，取《池北偶談》一則，命為《鴛鴦鏡》樂府。稿成，先生歎賞不已。予幼時即樂誦之，最愛其《懺情》一齣，幽微婉妙，惜不記憶。孝

廉先後成《拙宜園樂府》五種，曰《鴛鴦鏡》，曰《凌波影》，曰《茂陵弦》，曰《帝女花》，曰《桃溪雪》；無不膾炙人口。近於友人處假得《帝女花》《桃溪雪》二冊，把卷讀之，如晤故人。摘錄《帝女花》「觸敘」一齣云：「簾幙秋涼，畫眉痕舊時宮樣。倩寒波替照新妝。病豐神，愁影子，鏡中搖揚。步轉衣香。恁西風吹來鬢上。（粉蝶兒）提起便心傷。十六年中苦況。勘除夢幻，早拚祝髮空王。恁蠶絲未盡，壽陽梅再現優曇相。溯前情異樣酸辛，到今朝才能依傍。（南泣顏回）……那時殺氣滿陳倉。帝后殘屍血葬。香消半臂，癡魂同見高皇。死灰未冷，苦韶華偏要閻羅賞。愧西門殺賊秦休，趁東風來嫁周郎。（前腔）……血盈盈胭脂染繡袍，夢沉沉絲靈透羅幌。雲漠漠夜臺隨風去，雨綿綿落花催葬。遠迢迢兔兒藥臼，冷清清月魄微茫。閃搖搖慈悲一現，惜惺惺把旃檀燒做返魂香。（南撲燈蛾）……悶悶的無聊感傷，忽忽的無端惆悵。蕭蕭的秋影涼，懨懨的春夢長。當不起淅淅颼颼驚風兒送響，眼睜睜無須睡鄉。事了了醒透肝腸，事了了醒透肝腸。只覺得酸酸楚楚難言病樣，瑟瑟的殘魂恐逐杜蘭香。（前調）好夫妻半載相依傍。素女秋寒不耐霜。還望那夢裏瞿曇，替他除病障。（南尾聲）」《桃溪雪》「弔烈」一齣云：「詩徑重來春事盡。腸斷處草綠無人。蝶舞殘魂。鵑啼舊恨。影事淒涼難問。（夜行船）樓荒金粉。我愁生西北雲。闌干無恙，只倚闌人殞。猛思量、聲暗吞。記前遊似夢，記前遊似夢，江上移船，花裏尋君。倚月盟心，臨風鬥韻。轉眼無憑準。春化做水和塵。樹也多情，甘為嬋娟殉。桃溪莫問津。重來舊遊盡。任當時，漁父尋覓，亂山愁悶。（風雲會四朝元）旅遊消損。天涯落魄人。配紅顏薄命，共悲同憤。待呼天、天豈聞。念盈盈伉儷，念盈盈伉儷，誰料你瓊樹枝埋，玉鏡臺昏。荀令香銷，蘇娘淚盡。一例歌長恨。魂騎鶴上青雲。世界傷心，莫再回頭認。淒涼奠一尊。聊申舊時悃。知道你虛空見否，冥冥杳杳，九泉難問。（前腔）琵琶幽恨。千秋兩美人。銷他狼焰，讓伊蟬鬢。紙鳶飛、何處魂。看欃槍掃蕩，看欃槍掃蕩，也償得熱血蒼苔，冷月黃昏。豔骨青磷，戰場紅粉。勘破你傷心陣。聞清吹隔微雲。或者是跨鳳雙飛，劫盡交仙運。你蓬萊證夙因。我浮生尚勞頓。願莊周化蝶，飄飄渺渺，待伊援引。（前腔）赴湯臨刃。從容了此身。是性天激發，各完其分。幾曾見為虛名、立死根。便披肝瀝血，便披肝瀝血，不過是臣報君恩，妻報夫恩。原不要當世諮嗟，後人憐憫。將筆墨把骷髏潤。人自有本來真。不死初心，便是無遺恨。正氣在乾坤。維持世間運。慚愧煞花封鸞誥，庸庸碌碌，世間脂粉。（前腔）

歡嬋娟一去無從問。只剩幾點淚，替你代舒悲恨。便譜作離騷還愁怨不盡。（尾聲）」二齣皆全部歸束，聚精會神，一字一珠，令人一讀一擊節。（《碧聲吟館談麈》卷二，第20～22頁）

舞腰

近見四喜部優伶往往有腰圍綿軟，周遭四折，甚至以首納入袴下，奇變百出。記《南史》：羊侃膂力絕人，性豪侈，姬妾列侍。儛人張淨琬腰圍一尺六寸，能掌上舞；又有孫荊玉，能反腰貼地，銜得席上玉簪：皆以異稱。（《碧聲吟館談麈》卷二，第59頁）

用情不可解

天下情之所鍾，往往一發而莫可遏抑，真令人求其故而不可得也。如甘薪圃太史之於寶珠，以身殉之，夫人而知之矣。後予值內閣，有同值前輩吳少莃者，貌極誠謹，昵一優，才十二三齡，若性命以之，刻不可離。而阮囊羞澀，不足暢其揮霍，鬱鬱不得志，神情恍惚，終日呫呫書空，卒以身殉。歿前一日，於酒肆題壁云：「願學前賢甘太史，有誰縞素哭中庭？」其志亦可哀矣，而其用情終不可解。（《碧聲吟館談麈》卷三，第11頁）

陳妙常詞

《玉簪記》傳奇《偷詩》一齣中，有「松舍青燈閃閃」云云，詞句甚俚。不知陳妙常本能詞，見於《宋閨媛詞錄》。云，潘法成妻陳妙常酬張于湖《太平時》一闋：「清淨堂前不捲簾。景蕭然。閒花野艸漫連天。莫相牽。　　獨坐洞房誰是伴。一爐煙。閒來窗下理琴弦。小神仙。」確是女尼口吻。《偷詩》前尚有《琴挑》一齣，或即因此詞而附會也。（《碧聲吟館談麈》卷三，第53頁）

癡人

金星士《勸世詩》：「有生有死自家知，人不回頭也是癡。傀儡一場雖好看，可憐終有散場時。」醒世語言之可歎可笑。湯若士箸《邯鄲夢》，末齣《仙圓》眾仙指點皆云：「你是個癡人。」盧生應曰：「我是個癡人。」自認為癡人，才到得不癡地位。（《碧聲吟館談麈》卷四，第3～4頁）

摩孩羅

嘗見梨園演《長生殿》「鵲橋密誓」一齣，其陳設有盤，盛小孩，謂名化身。讀坦庵詞《鵲橋仙》中有句云「摩孩羅荷葉傘兒輕」，注：「摩孩羅，即摩合羅，七夕之耍孩兒也。」北曲【耍孩兒】調，亦名【摩合羅】，殆唐宮之戲歟？（《碧聲吟館談麈》卷四，第19頁）

覺軒戲作

鄞縣董覺軒（沛）性伉直，博識多聞，成丁丑進士。以即用令來江西，相見甚歡。愛觀劇，於集秀部物色一人，名桂伶。因為八絕句云：「京國迢遙別幾春，前遊蹤跡半如塵。重翻南都《煙花錄》，猶記霓裳隊里人。」（原注：燕部秋芬，辛未榜首；亦名桂，為余舊人。）「璧月瑤臺分外清，廣寒仙侶想多情。平添素女三分色，領取天香補小名。」「碧桃門巷愛吾盧，劉阮鄉山有報書。莫道春花比秋好。撩人風景兩相如。」（原注：敝鄉曲部以桃郎為冠。）「庾梅初放薄寒天，客歲曾留半面緣。慚愧綠楊湖上路，眼中猶識老樊川。」「舞臺收影欲黃昏，汗頰溶溶剩粉痕。一笑近前勞問詢，袷衫絲履亦銷魂。」「薰香捧硯意闌珊，任說環肥總耐看。輕薄紛紛緣底事，文章評跋稱心難。」「畫船水調唱吳娘，記有同心為斷腸。我送汪倫偏太早，江城冷落木犀香。」（原注：指芍卿。）「臨風一盼水為神，垂老空留未了因。欲向花間通款語，最防人指宰官身。」嗣於榮慶部，又見有韓雙喜者，亦頗當意。成詩二百八十字云：「韓生皎皎玉為骨，楚曲秦腔中音律。豪門鞠部早知名，（原注：生為李提督世忠家伶。）不作春鶯作秋鶻。繡旗四展風拂拂，女軍對捧將軍出。英雄兒女兼一身，譙國平陽古人傑。明光細鎧紅綃帕，錦袖迴翔臂如雪。雪花飛上瓊林枝，纖歌始凝白雲遏。忽然兩陣勢交突，鼓聲驟起金聲咽。有若駿馬登臺馳，鞭影刀鋒電光掣。低腰貼地故盤折，香汗交頤粉融滑。翻身倒立雙跌翹，窄窄弓鞋換羅韈。橫波一轉神為奪，叔寶當筵防看殺。斯時百輩觀者心，半入癡頑半饞渴。蓬萊縹緲舊宮闕，燕部陳張兩奇絕。意中南北較低昂，技差勝汝貌非匹。韓生西來才數月，未肯羞顏向人熱。漫山桃李爭豔姿，別有孤花自芳潔。江城風雨落梅節，酒酣為爾感詩筆。才色徒供豪貴憐，聲名已被同曹嫉。自來巧者不如拙，悔抱朱華餌容悅。天涯羈客如爾儕，一例彈詞賣歌活。」兩作雖屬遊戲之筆，亦見風雅一班。度其稿中未必皆存，承辱愛見示，為代志之。（《碧聲吟館談麈》卷四，第19～20頁）

《芝龕記》

董恒岩作《芝龕記》傳奇，以石砫女官秦良玉、道州游擊沈雲英為綱，以東林君子及疆場死事諸賢與殉烈群貞為紀，而以彭、曇兩仙經緯其間，括明季萬曆、天啟、崇禎三朝史事，共六十齣。頭緒繁多，未免紛雜，然而高才博學，實具三長。其感發懲創處，足以警動人心。秦良玉，本見《明史》列傳。沈雲英亦同時人，籍隸蕭山，居長巷里。其夫賈萬策，四川人，督標大剿營都司；賊陷荊州，殉難。其父贈昭武將軍，名至緒，初成武進士，仕湖廣，守道州。流寇東訌，戰死。其女聞之，率十餘騎奮呼突隉，直趨賊壘，斬賊三十餘人，奪父骸而還。寇避其威，立徙鄰郡。湖撫王聚奎以其事聞莊烈帝，賜詔曰：故湖廣道州守備沈至緒，力守營陽，臨陣卻敵，斬殺過當，佻身授命，生為長城，死作國殤。其贈至緒昭武將軍，賜祠麻灘驛，春秋祀之。有女雲英，閨房之秀，奮其弱臂以呼殘眾，求屍殺寇，不用城頹，誓命哭父，如浮江出，大復讎以報親，肆弭亂以衛國，殲敵全軍，保疆恢境。其授雲英游擊將軍，仍代其父湖廣道州守備，領其軍。雲英以痛父傷夫，哭辭詔命，扶櫬還鄉，息影守窮，傭書課塾，熟精《春秋胡氏傳》，年三十八，疾卒。葬於龕山。同里毛大可為撰《墓誌銘》云：「將軍於父為孝，於國為忠，於夫為節，於身為貞。此為女德，又擅婦訓。文能傳經，武足戡亂，而猶不得援故典、託微文，導淑施於既往，揚清芬於後來。匪惟舊史之缺遺，抑亦學人之寡陋也。」見《西河集》。蔣苕生太史題詞云：「西河特筆志蠻司，更得才人絕妙詞。不用千金教歌舞，明朝傳徧郢中兒。」「降旗獵獵走蟲沙，不見宗爺與岳爺。畫取美人名馬像，寶刀如雪滾桃花。」「督師袞袞少長城，養賊寧南死負君。可惜官家相見晚，中原誰及女將軍。」「豈有摩崖片石傳，讓人開國畫凌煙。紅顏不具封侯骨，合向蓮花證上仙。」「玉貌花驄勇絕倫，木蘭原是女兒身。三生歸與曹娥證，不向沙場弔鬼磷。」「仙佛荒唐信有之，因緣響應是微詞。百端動我茫茫感，安得人間有導師？」「滕王閣下騎如雲，巾幗真宜贈領軍。會向空江弔蓮舫，怒濤嗚咽不堪聞。」「監軍都插侍中貂，破碎山河誤勝朝。忍看殘棋如此結，黨人冤魄可曾消？」「蘇豪柳膩半麤才，礧碨填胸眼倦開。行遍曉風殘月路，江南我亦賀方回。」「空勞詞賦動江關，下第仍從塞雁還。根觸平生忠孝淚，一聲牙板一潺湲。」「文章無處哭秋風，歲月驚心歎轉蓬。贏得雙鬢垂手拜，不須買劍事猿公。」「年年彈燭譜烏絲，抹煞孫郎帳下兒。非我佳人應莫解，細商宮徵訂他時。」「壬申秋莫，落第京華，從獲郵師處得讀董恒岩太守所為《芝龕

記》，月昏燈灺，按節歌詠之，於《壘援》《救父》《題閣》《江還》等篇，感觸唏噓，不自知其悲從中來，因煢燈疾書，題詞數章；即託獲邨師轉郵浙中。聲足移人，會心不遠，視未同之言當有別也。鉛山喟然居士蔣士銓書於春融齋乙夜。」又錢塘丁龍泓（敬）題詞云：「昭華玉管紫檀槽，刻羽移商調最高。絕埽狂花與輕綺，摘他前史張風騷。」「跮踱詞壇久冠軍，淋漓彩筆矯如雲。閒將惜孝憐忠意，譜出崢嶸兩茜裙。」「雲鬟大義壓雲臺，曾掃乾坤黑眚開。不有芝龕新樂府，束蘭焚玉可勝哀。」「事到南朝重可嗟，賊氛瑣禍痛紛拏。廣川別有如霜筆，不向蘭臺借齒牙。」丁詩不常見，故並錄之。（《碧聲吟館談麈》卷四，第43～45頁）

戲臺聯

頃聞戲臺一聯頗新穎，云：「看我非我，我看我，我亦非我；裝誰像誰，誰裝誰，誰就像誰。」意亦淺顯，是一意化兩法，亦可謂白描好手。（《碧聲吟館談麈》卷四，第47頁）

演《桃花扇》

余最愛孔季重《桃花扇》，讀五六過矣。雖自著傳奇已有六種，欲取法一二，迄未能也。夙聞都門演劇，有《訪翠》《寄扇》二齣。前後住京師十餘載，從未見香扇墜一登氍毹，殊為恨事。上元許海秋前輩（宗衡），詞名播日下。余到閣時，海秋已授起居注主事，未得獲教。讀其《玉井山館詩餘》，綿麗溫婉，姜、史正宗也。中有《霓裳中序第一》一闋，自序云：「昔在道光乙未、丙申間，余留京師。嘗觀王郎蕊仙演《桃花扇》傳奇《寄扇》一齣，豔絕一時。士大夫賓筵酒座，盛稱歎之。碧玉梳妝，綠轙結束，五花鱻弄，不復置念尋常粉墨也。閩孝廉張亨甫作《王郎曲》云：『天下三分月，二分在揚州。一分乃在王郎之眉頭。』王郎，揚州人，其演此曲尤精。至王郎老去，無演之者。余有詩云：『參軍蒼鶻都更變，忽憶王郎倍可嗟。一自春風消扇影，更無人解唱桃花。』及咸豐壬子，朱郎蓮芬始演此曲，然賞之者卒鮮。嗟乎！曲海詞山，千生萬熟，而揾簪擷落，知者無人。與之言鄧千江《望海潮》、蔡伯堅《石州慢》，瞠然而已。何況公子天涯，美人樓上，春風問訊，誰復於一握濃香，識南朝之興廢哉！同治丙寅春正月，同人夜燕，時陳郎蘭仙初演此曲，清尊檀板，素襪明璫，雖不知視朱郎、王郎為何如，然而錦色纏頭，如

聆舊曲；笛聲犯尾，共拍新腔。何必侯生，乃為之數調尋宮、慨然太息乎！」
詞云：「清歌槃素靨。眼底濃香消絳雪。拍遍闌干幾迭。現後影前身，桃花顏
色。關河阻絕。可有飛紅卷殘蝶。知音少，緘愁雖寄，倚衷向誰說。　　悲
切。笛聲低咽。似當日秦淮夜月。傷心公子遠別。又今夕胭脂，寫恨如血。
淚痕描露葉。早板鼓淒涼數闋。當筵歡，春風一握，為爾啟金篋。」序中云
「丙寅正月，蘭仙初演此曲」，其時余亦在都。蘭仙，舊識也。僅見其演「題
曲」，幽靚可喜，獨未見演此齣。蓮芬之《進施》《醉歸》，亦常見之，而未觀
其演《桃花扇》各劇。憶庚戌歲，初次入都，同人招飲於蓮芬之室。余挾松
煙十鋌、紫穎十枝為贄，蓮芬欣然書扇以贈，即錄《寄扇》首二闋，款署「季
仁先生雅正　蓮芬朱延禧」，落落大方。藏之篋中，久為蠹魚消領矣，惜哉！
（《碧聲吟館談麈》卷四，第 55～56 頁）

五萬春花

京師廣德樓戲園懸一聯云：「大千秋色在眉頭，看徧翠暖珠香，重遊瞻
部；五萬春花如夢裏，記得丁歌甲舞，曾睡崑崙。」相傳為龔芝麓尚書作也。
（《碧聲吟館談麈》卷四，第 57 頁）